Wolfgang & Idhuna Barelds

Oh, dieses Niederländisch!

Eine heitere und unterhaltsame Betrachtung der Sprache unserer Nachbarn

Band 8 aus der Reihe

Fremdsprech

Oh, dieses Niederländisch

Alle Informationen, schriftlich und zeichnerisch, wurden nach bestem Wissen zusammengestellt und überprüft. Sie waren korrekt zum Zeitpunkt der Recherche.

Die Autoren und der Verlag sind für Lesertipps und Verbesserungen (besonders als E-Mail) unter Angabe der Auflagen- und Seitennummer dankbar.

Dieses Buch hat 64 Seiten mit 15 Illustrationen und 2 farbige Abbildung. Es wurde auf chlorfrei gebleichtem Papier gedruckt und der größeren Strapazierfähigkeit wegen mit PUR-Kleber gebunden.

Band 8 aus der Reihe "Fremdsprech"
ISBN 978-3-86686-908-0 2. Auflage

Dieses OutdoorHandbuch wurde konzipiert und redaktionell erstellt vom Conrad Stein Verlag GmbH, Postfach 1233, 59512 Welver, Dorfstr. 3a, 59514 Welver, ☏ 02384/963912, FAX 02384/963913, info@conrad-stein-verlag.de, www.conrad-stein-verlag.de

Unsere Bücher sind überall im wohl sortierten Buchhandel und in cleveren Outdoorshops in Deutschland, Österreich und der Schweiz erhältlich.
Auslieferung für den Buchhandel:

D Prolit, Fernwald und alle Barsortimente
A freytag & berndt, Wien
CH AVA-buch 2000, Affoltern und Schweizer Buchzentrum
I Mappa Mondo, Brendola
NL Willems Adventure, LT Maasdijk

Text: Wolfgang & Idhuna Barelds
Illustrationen: Idhuna Barelds
Titelbild: Jan Düsedau
Lektorat: Kerstin Becker
Layout: Yvonne Fanger
Gesamtherstellung: AZ Druck und Datentechnik GmbH, Kempten

Inhalt

Über die Autoren

Wolfgang und Idhuna Barelds, freie Reisebuchautoren und Reiseleiter, leben beide in den Niederlanden, direkt an der Grenze zu Deutschland.

Idhuna Barelds, Diplombiologin und gebürtige Niederländerin, lebte mehrere Jahre in Deutschland und war dort vorübergehend für einen Verlag in Köln tätig.

Wolfgang Barelds, Geograf und Germanist aus Schleswig-Holstein, lebt seit mehreren Jahren in den Niederlanden und hat dort an mehreren Schulen Deutsch unterrichtet. In seiner Examensarbeit verglich er die Reaktionen der Öffentlichkeit auf Rechtschreibreformen in den Niederlanden und Deutschland.

Vorwort

Die Niederlande und Deutschland sind nicht nur wichtige Handelspartner. Neben dem Warenverkehr prägt auch ein reges Hin und Her von Besuchern und Touristen vor allem die Grenzregion. In kein anderes Land reisen so viele Niederländer wie nach Deutschland, und in den Niederlanden führen die Deutschen die Besucherstatistik an. Bei den Deutschen sind vor allem die Nordseeküste mit den Inseln, das IJsselmeer sowie Städte wie Amsterdam und Maastricht beliebt. Als Aktivitäten stehen Wassersport und Radfahren hoch im Kurs. Die Niederländer dagegen besuchen in Scharen im Winter das Sauerland, Mittelgebirge, den Rhein und Städte wie Köln, Aachen und Münster. Im deutsch-niederländischen Grenzbereich boomt der gegenseitige Einkaufstourismus: Niederländer sind in Einkaufszentren des Ruhrgebietes, großen Supermärkten, Technik-Kaufhäusern und vor allem auf deutschen Weihnachtsmärkten eine wichtige Zielgruppe, während Deutsche gerne niederländische Blumen-, Käse- und Flohmärkte besuchen. Eine bestimmte Klientel schätzt die "Coffee-Shops" in unserem Nachbarland, in denen dank flexibler Drogengesetze "weiche" Drogen erhältlich sind, ganz legal - im Gegensatz zur Einfuhr nach Deutschland. Seit Tabakqualm nicht nur in niederländischen Gaststätten, sondern auch in allen 700 Coffeeshops verboten ist, dürfen dort "nur" noch Marihuana oder Haschisch geraucht werden, nicht aber "normale" Zigaretten - eine weltweit wohl einmalige Paradoxie.

Die niederländische Sprache ist schwer anzuwenden: Niederländer schalten nämlich oft sofort auf Deutsch oder Englisch, wenn man versucht, sie auf Niederländisch anzusprechen. Kein Wunder: Drei Viertel der Niederländer sprechen Englisch (in Deutschland gerade einmal die Hälfte) und ein Drittel spricht Deutsch. Als kleine Handelsnation musste man sich schon immer auf die Gewohnheiten und Sprachen der oft größeren Handelspartner einstellen. Englisch wird heute bereits in frühester Kindheit, an der *Basisschool*, unterrichtet. Dazu laufen in niederländischen Kinos und im Fernsehen Filme in englischer Originalsprache mit niederländischen Untertiteln - eine Synchroni-

sierung lohnt sich für kleine Länder wie die Niederlande nicht. Das trainiert natürlich die bereits gut vorhandenen Englischkenntnisse.

Trotz ihrer Vielsprachigkeit freut es die Niederländer natürlich trotzdem, wenn man sie auf Niederländisch anzusprechen versucht, auch wenn sie es nicht direkt zeigen. Auf jeden Fall ist es besser, als gleich in Besatzermanier auf Deutsch loszuplappern - das weckt unangenehme Erinnerungen an die Vergangenheit und kränkt den niederländischen Nationalstolz. Dieses Buch will auf unterhaltsame Weise mit einigen grundlegenden Strukturen und Besonderheiten der niederländischen Sprache vertraut machen, die das Zurechtfinden im Alltag unseres Nachbarlandes erleichtern sollen. Daher fehlen auch nicht typische Redewendungen, Schimpfwörter und "falsche Freunde" - Wörter, die teilweise wie deutsche klingen, aber doch eine andere Bedeutung haben. Sprachprofis mögen die teils vereinfachenden Darstellungen verzeihen - für eingehendere Betrachtungen der niederländischen Sprache sei auf die einschlägige Fachliteratur verwiesen. Zu Vereinfachungs- bzw. Verkürzungszwecken wird oft von "dem" Niederländer gesprochen: In solchen Fällen muss/kann man sich die weibliche Form hinzudenken - gemeint sind auf jeden Fall beide Geschlechter, ohne eines von beiden diskriminieren zu wollen. Natürlich gibt es "den" Niederländer genauso wenig wie "den" Deutschen - so verschieden wie Bayern oder Holsteiner sind auch Limburger oder Friesen. Um dennoch auf für das Land und dessen Bewohner recht typische Merkmale hinzuweisen, sei daher die Erwähnung einiger Stereotypen für "die" Niederländer verziehen.

Noch ein Hinweis zur Sprach- und Landbezeichnung: Holland ist ein Teil der Niederlande - wie Bayern von Deutschland. Genauer gesagt: Nord- und Südholland sind jeweils eine von insgesamt 12 Provinzen. Von daher ist die Bezeichnung "Niederlande" politisch korrekter, auch wenn einige Niederländer selbst von "Holland" sprechen.

Einführung

Niederländisch (oft auch Holländisch genannt) und Deutsch ähneln einander in vielerlei Hinsicht. Beide gehören zur westlichen Gruppe der Germanischen Sprachen - genauso wie das Friesische. Trotzdem ist das Niederländische kein deutscher Dialekt, sondern eine völlig selbständige Sprache, die sich im Mittelalter vom Deutschen abgespalten hat. So ist es nach einer gewissen Übung nicht allzu schwer, Teile des Niederländischen zu lesen und zu verstehen. Aber Vorsicht vor den sogenannten "falschen Freunden" (☞ Seite 43). Auf die Verwandtschaft zwischen Niederländisch und Deutsch weist auch die englische Bezeichnung für "Niederländisch" hin: Das Wort "dutch" kann unschwer seine Ähnlichkeit mit "Deutsch" verleugnen.

Sprechen und Schreiben dagegen ist schon viel schwieriger. Die Aussprache des Niederländischen unterscheidet sich stark vom Deutschen, etwa mit den vielen "Rachen"-Lauten "sch" wie in *Scheveningen* und "g" wie in *Groningen,* die wie das harte deutsche "ch" ausgesprochen werden. Die niederländische Grammatik ist in gewisser Hinsicht leichter als die deutsche und hat eher Gemeinsamkeiten mit den (nicht-finnischen) skandinavischen Sprachen.

Aber zu leicht wird es Niederländisch-Lernern nun auch wieder nicht gemacht: Das Niederländische kennt - wie das Deutsche - zahlreiche Ausnahmen von bestimmten Regeln, etwa *jij wordt* ("du wirst"), aber *word jij?* ("wirst du?"). Tatsächlich gibt es nur wenige Niederländer (und einige wenige niederländische Qualitätszeitungen), die grammatikalisch wirklich fehlerfrei schreiben.

Gesprochen wird Niederländisch als Muttersprache von rund 22 Mio. Menschen - außer in den Niederlanden (16 Mio.) im nördlichen Belgien (5,8 Mio.), im sogenannten Flandern nördlich der Linie Menen - Brüssel - Vise. Flämisch ist ein Sammelbegriff für die Mundarten in Flandern, während die Amts- und Schriftsprache von Flandern kaum vom "Holländisch" der Niederlande abweicht. Außerhalb Europas wird noch teilweise in ehemaligen Kolonien wie Surinam und den Antillen Niederländisch gesprochen.

Aussprache und Laute

Bei aller Ähnlichkeit mit dem Deutschen offenbaren sich bei der Aussprache einige Unterschiede. Bei bestimmten Lauten tun sich Deutsche besonders schwer, da wir einige Laute nicht kennen, die im Folgenden aufgeführt sind - angefangen mit den Vokalen:

Aussprache der Vokale

- *a, e, i* und *o* werden im Prinzip wie im Deutschen ausgesprochen. Anders ist es mit den Diphtongen, den Doppellauten.
- *ou* wird wie "au" ausgesprochen, etwa *koud* ("kalt") oder *ouders* ("Eltern").
- *eu* wie "ö", etwa kurz bei *kleur* ("Farbe") wie in "rösten" oder lang bei *deugen* ("taugen") wie in "Möwe". Diese Aussprache kommt aus dem Französischen und ist bei einigen aus dem Französischen entlehnten deutschen Wörtern auch zu finden, etwa "Malheur".
- *oe* wird wie ein langes "u" in "Kuh" ausgesprochen, z.B. *boer* ("Bauer").

- *ui* wie "öi" - damit haben Deutsche besonders große Schwierigkeiten. Dieser Zungenbrecher kommt in Wörtern wie *fruit* ("Frucht") oder *huis* ("Haus") vor.
- *ij* und *ei* nicht wie das deutsche "ei" in "Eis", sondern eher wie "ej" gesprochen - für diesen Laut gibt es keinen korrespondierenden im Deutschen. Beispiele: *bakkerij* ("Bäckerei"), *rijk* ("reich"), *zijn* ("sein"), *gelijk* ("gleich"), *gein* ("Spaß) oder *Mei* ("Mai"). Eine Ausnahme ist das recht häufige Anhängsel (Suffix) *-lijk* (wie "-lich" im Deutschen), wo das *ij* wie ein stimmloses "e" in "seine" ausgesprochen wird, z.B. *eerlijk* ("ehrlich") oder *heerlijk* ("herrlich").
- *aai* und *ooi* werden wie ein langes "a" bzw. "o" gefolgt von einem angehauchten "j" ausgesprochen, z.B. *naaien* ("nähen") wie "najen" oder *gooien* ("werfen") wie "choojen".
- *uu* und *u* werden wie das deutsche "ü" ausgesprochen: bei *uu* sowie bei *u* in offener Silbe "ü" wie in "Rübe", z.B. *vuur* ("Feuer") oder *huren* ("mieten"), und bei *u* in geschlossener Silbe stimmloses "e" etwa wie in "Gehirn", z.B. *druk* ("belebt").
- *ieuw* wird wie "ew" im englischen "new" ausgesprochen, z.B. *nieuw*.
- *-tie* ist eine häufige Endung - z.B. *locatie* ("Ort"), ausgesprochen wie "tsi" in "Nation".
- Die lange Aussprache der Vokale ist an einer offenen Silbe oder einer Verdopplung zu erkennen, z.B. *voor* ("vor"), *naar* ("nach"), *aan* ("an"), *groot* ("groß"), *waar* ("wahr", "Ware", "wo").

Bei all den Regeln werden aber auch viele Vokale recht ähnlich ausgesprochen, sodass es schwierig ist, einen Unterschied zwischen den Vokalen herauszuhören: Das gilt etwa bei dem Wort *verrukkelijk* ("entzückend, reizend"), ausgesprochen wie "vörrökölök" (mit jeweils kurzem "ö").

Aussprache der Konsonanten

Mehr als die Hälfte der Konsonanten wird wie im Deutschen ausgesprochen. Aber wo dieses nicht der Fall ist, tun sich viele Deutsche schwer: vor allem bei diesen merkwürdigen Rachenlauten *sch* wie in *Scheveningen* und *g* wie in *Geld*. Das Grundprinzip ist logisch: *g* und *ch* werde beide wie das harte deutsche "ch" in "Dach" und "Loch" ausgesprochen. Bei *sch* werden das *s* und *ch* beim Sprechen auseinandergezogen, also "s-ch", etwa bei *Scheveningen* und *schoon*. Angeblich haben sich deutsche Spione im Zweiten Weltkrieg in den Niederlanden anhand ihrer "deutschen" Aussprache von Scheveningen verraten.

Keine Regel ohne Ausnahme: Am Ende einer unbetonten Silbe wird *sch* wie ein scharfes "s" ausgesprochen, auch wenn das niederländische *komisch* als "komis" etwas komisch für unsere Ohren klingt. Den deutschen Laut "sch" gibt es im Niederländischen aber auch: Geschrieben wird er allerdings *ch* wie in *chef, china, chocola* oder auch *sj* - häufig zu finden bei Verniedlichungen. Ein *meisje* wird dann "meische" ausgesprochen, wobei das "ch" leicht verschluckt wird.

Das *z* wird nicht so zackig wie im Deutschen ausgesprochen, sondern weicher, wie das "s" in "singen". Beispiele sind die *zon* ("Sonne) und *zien* ("sehen"). Das harte "s" bzw. "ß" ist im Niederländischen auch zu hören. Geschrieben wird es als *s* oder *c*, z.B. *centraal station* ("Bahnhof") oder *cel* ("Zelle"). Das gilt allerdings nur vor dem Vokal "e". Vor allen anderen Vokalen wird das *c* wie im Deutschen als "k" ausgesprochen", z.B. *communist, contract, accu*. Generell kommt das *c* - wie im Deutschen - fast nur in Fremdwörtern vor. Ausgenommen ist natürlich das *ch*, welches unterschiedlich ausgesprochen wird: mal wie das harte deutsche "ch" wie in "lachen", z.B. *kachel* ("Ofen"), *wachten* ("warten"), *licht* ("hell"). Andere Male aber wie das deutsche "sch" in "schön", z.B. *chef* oder *machine*.

Avonturen in avonduren - abendliche Abenteuer

Ähnlich wie im Deutschen mit etwa "Fischers Fritz fischt frische Fische ..." gibt es auch im Niederländischen einige schwierige, vom Inhalt her eher banale bzw. sinnlose Wortkonstruktionen, an die man sich sprachlich nur mit einiger Erfahrung heranwagen sollte.

Einige Beispiele:

- *Bram de brave broer van breiende brauwende Brielse Brechtje, bracht in zijn bronsbruin broekje een bril en een brandbrief en een gebroken brokje bros bruin brood over de brede brug naar Breukelen.* "Bram, der brave Bruder vom strickenden und brauenden Brechtje aus Briel, brachte in seiner bronzebraunen Hose eine Brille und einen Brandbrief sowie ein gebrochenes Stückchen knuspriges braunes Brot über die Brücke nach Breukelen".
- *Wij smachten naar achtentachtig prachtige nachten bij achtentachtig prachtige grachten.* "Wir sehnen uns nach 88 prächtigen Nächten bei 88 prächtigen Grachten."
- *Wij wijze wijven, willen wel witte wollen winterwanten wassen, wisten wij waar warm water was.* "Wir weise Weiber wollen wohl weiße wollene Winterhandschuhe waschen, wüssten wir, wo warmes Wasser wäre."
- *Zeven schotse scheve schaatsers schaatsen scheef.* "Sieben schottische schiefe Schlittschuhläufer laufen schief Schlittschuh."
- *Avonturen in avonduren.* "Abenteuer in Abendstunden"
- *Als vliegen achter vliegen vliegen vliegen vliegen vliegensvlug.* "Wenn Fliegen hinter Fliegen fliegen, fliegen Fliegen sehr schnell."

Besonderheiten

"Redepfahl" und "Geld aus der Mauer holen"

Auffällig sind die vielen bildhaften Ausdrücke im Niederländischen. Dadurch kann man den Inhalt vieler Begriffe erahnen. Den *aardappel* gibt es als "Erdapfel" auch im Niederdeutschen ("Kartoffel").

Auch im Straßenverkehr lassen sich viele Ausdrücke erahnen. Wenn ein *fiets* ("Rad") mit der Vorsilbe *brom-* zum *bromfiets* ("Brummrad") wird, ist klar, dass ein Moped gemeint ist. Dank einer *versnelling* ("Gangschaltung") kann man schneller fahren, und eine *koplamp* ("Vorderlampe") sorgt für die Beleuchtung. Niederländer stellen ihr Fahrrad in der *fietsenstalling* ("Radstellplatz") ab.

Und was könnte ein *paddestoel* sein? *padde* heißt "Kröte", die sich also auf einem Stuhl niederlassen soll. Gemeint ist ein Pilz.

Paddestoel

Wenn wir (Deutsche) von "Luzifer" sprechen, denken wir an den Teufel. Ursprünglich war damit der Morgenstern gemeint, ehe die Bibel (Jesaja 14,12; Lukas 10,18) dahingehend interpretiert wurde, dass damit der Teufel als gestürzter Engel gemeint ist. Insofern ist der Bezug zum Höllenfeuer nicht weit: Die Niederländer bezeichnen mit *lucifers* Streichhölzer, während ein Feuerzeug *aansteker* heißt.

Auch bei modernen technischen Begriffen stellen Niederländer oft Bezüge zu Banalem her. Das Wählen vom Telefonnummern heißt immer noch *een nummer draaien* "eine Nummer drehen", auch wenn das Telefongerät digital, also mit Tasten versehen ist. Einen Laptop kann man gut auf dem Schoß bedienen, also heißt er *schootcomputer.* Und wenn man nebenher noch Musik hört, setzen Niederländer ihr *koptelefoon* auf ("Kopfhörer"), auch wenn Sie dabei nicht telefonieren. Für Maschinen aller Art verwenden Niederländer einen Begriff: *toestel* sowohl Flugzeuge als auch Kocher. Und was verbirgt sich hinter einem *praatpaal,* wörtlich "Redepfahl"? Eine Notrufsäule.

Wenn Niederländer Geld am Automaten abheben, heißt es *geld uit de muur halen.* Dazu brauchen Sie natürlich Ihre Geldkarte, ihr sogenanntes *pasje.* Und damit wären wir bei der nächsten Besonderheit, den Verniedlichungen.

"Große Teesäckchen" und andere Verniedlichungen

Die vielen Verniedlichungen mit *-je* am Ende eines Wortes verwenden die Niederländer für eine große Zahl von Dingen, während im Deutschen mit der entsprechenden Endung "-chen" vor allem kleine Sachen bezeichnet werden.

Folgende Dinge etwa bedürften im Deutschen keiner Verkleinerungsform: *kaartje* ("Fahrkarte"), *partijtje* ("Spiel"), *velletje* ("Haut"), *telefoontje* ("Telefongespräch"), *onderonsje* ("Gespräch unter vier Augen"). Bei einigen Wörtern wird die Verkleinerungsform wohl auch aus Bescheidenheit verwendet, um nicht wegen Maßlosigkeit aufzufallen, etwa bei *kopje* ("Tasse") oder *drankje* ("Getränk"). Ein *theezakje* bezeichnet einen "Teebeutel", auch wenn dieser groß ist; dann ist es eben ein *grote theezakje.*

Beim *toetje* "Nachtisch" gibt es gar nur die Verkleinerungsform. Das Wort kommt von *toe* ("dazu"), bezeichnet also etwas Zusätzliches, was nicht unbedingt nötig ist.

Viele Wörter sind von "größeren Brüdern" mit anderen Bedeutungen abgeleitet, etwa *jasje* ("Sacko") von *jas* ("Jacke"), *koekje* ("Keks") von *koek* ("Kuchen"), *rietje* ("Trinkhalm") von *riet* ("Rohr"). Ein *vakantiehuisje* ("Ferienhaus") ist ein kleines Haus und ein *nachtkastje* ("Nachtschränkchen") ein kleiner Schrank - ein Schrank ist im Niederländischen immer ein *kast*.

Abkürzungen

Abkürzungen bereiten Ausländern bzw. Sprachschülern immer Probleme. Während Wortzusammenziehungen und Kürzungen wie in den deutschen "Kripo", "Uni" oder "Abo" noch relativ leicht nachvollziehbar sind, ist es mit Abkürzungen aus den Anfangsbuchstaben bürokratischer oder juristischer Begriffe schwerer. Die Kenntnis einiger gängiger Abkürzungen erleichtert das Verständnis von Diskussionen und Zeitungsartikeln über die niederländische Gesellschaft. Eine kleine Auswahl:

Die *WAO (Wet Arbeids Ongeschiktheid)*, wörtlich "Gesetz über Arbeitsunfähigkeit", bezeichnete bis Ende 2005 die Invalidenrente, die immerhin 5 bis 10 % der arbeitsfähigen niederländischen Bevölkerung beziehen. Seit dem 1.1.2006 ist die *WAO* durch die *WIA* ersetzt *(Wet werk en inkomen naar arbeidsvermogen)*. Jeder Arbeitnehmer ist hier zwangsversichert.

Die *AOW (Algemene Ouderdoms Wet)*, wörtlich "Allgemeines Alters-Gesetz", ist eine Art Grundrente, die alle Einwohner der Niederlande ab dem 65. Lebensjahr in Höhe des gesetzlichen Mindestlohnes (etwa € 700 bis 900 pro Monat) erhalten.

Die *VOC (Verenigde Oostindische Compagnie)*, wörtlich "Vereinigte Ostindische Kompanie", war ein großes Handelsunternehmen im "Goldenen Jahrhundert" der Niederlande (17. Jh.), das durch die Warenströme aus den Kolonien reich wurde. Im heutigen Sprachgebrauch würde man die *VOC* als einen der ersten "global player" im internationalen Im- und Exportbereich bezeichnen.

Über Bildungsfragen diskutieren die Niederländer genauso gerne wie in Deutschland, spätestens nach PISA (wo die Niederländer auch nicht überragend abgeschnitten haben). Dabei sollte man zumindest die Kürzel für die Schulformen kennen: *HAVO (Hoger Algemeen Voortgezet Onderwijs)* bezeichnet alle allgemeinbildenden Schulen, die nach dem Besuch der *Basisschool* auf dem Programm stehen. Die *Basisschool* ist gleichzeitig Vorschule und Grundschule mit den Jahrgangsstufen 1 bis 6. Ungewöhnlich: Für die *Basisschool* gibt es kein gängiges Kürzel. Wer eine akademische Laufbahn anstrebt, besucht die *VWO (Voorbereidend Wetenschappelijk Onderwijs)*, wörtlich "Vorbereitender wissenschaftlicher Unterricht", entsprechend unserem Gymnasium. Praxisorientierter ist die *VMBO (Voorbereidend Middelbaar Beroepsonderwijs)*, die auf Ausbildungsberufe vorbereitet und damit unserer Berufsschule vergleichbar ist.

Dann gibt es in den Niederlanden noch eine Abkürzung, die in Deutschland aus geschichtlichen Gründen keine Chance hätte: *NS* steht für *Nederlandse Spoorwegen* ("Niederländische Bahn").

Sprachgeschichte

Trennung durch Lautverschiebung vor dem Mittelalter

Aus deutscher Sicht ist vor allem interessant, wann sich Deutsch und Niederländisch von dem gemeinsamen Urahnen, der Indogermanischen Sprache, getrennt haben.

In der Entwicklung des Westgermanischen (7./8. Jh.) vollzog sich eine Lautverschiebung, die zwar für die Entwicklung des Niederländischen von geringer Bedeutung ist, aber viele der Unterschiede zwischen Niederländisch und Deutsch erklären kann. Diese Lautverschiebung begann im Süden des deutschen Sprachgebietes und hat sich Richtung Norden bis an die sogenannte "Benrather Linie" ausgebreitet, die sich etwa von Köln bis Berlin erstreckt. Das westgermanische Sprachgebiet wurde durch diese hochdeutsche Lautverschiebung in zwei Teile geteilt: den südlichen, hochdeutschen Teil und den nördlichen, niederdeutschen und niederländischen, der diese Lautverschiebung nicht mitgemacht hat. Die wichtigsten Änderungen bei dieser Lautverschriebung betreffen die stimmlosen Konsonanten (Okklusive) p, t und k. Diese veränderten sich wie folgt:

Nach einem Vokal wurden *p* zu *f(f), t* zu *ss* und *k* zu *ch* verschoben. So entstanden etwa die deutschen Wörter "offen", "Affen", "Fuß", "Buch" und "Milch". Das Niederländische aber machte diese Lautverschiebung nicht mit - genauso wie das Niederdeutsche, weil eben beide Sprachgebiete nördlich dieser "Benrather Linie" liegen. So heißt es im Niederländischen *open, apen, voet, boek* und *melk.*

Die Lautverschiebung veränderte im Anlaut, bei Verdoppelung und vor einem Konsonant *p* zu *pf* und *t* zu *(t)s,* wodurch die Vorläufer der deutschen Wörter "Pfund" und "Apfel" oder "das" und "Nessel" entstanden. Aber in den Niederlanden heißt es *pond, appel, dat* und *netel* - wie im Niederdeutschen.

Folgende Beispiele zeigen noch die enge Verwandtschaft zwischen dem Nieder- bzw. Plattdeutschen und dem Niederländischen: *brandnetel* ("Brennnessel"), *aardappel* ("Erdapfel", also "Kartoffel"), *melk* ("Milch"), *boter* ("Butter"), *beek* ("Bach"). Der norddeutsche Gruß "Moin" ist nicht etwa eine Kurzform für "Guten Morgen", sondern bedeutet "Schönen Tag" und geht damit auf dieselbe Sprachwurzel zurück wie das niederländische *mooi* ("schön").

Die nördlich dieser "Benrather Linie" gesprochenen Dialekte werden unter dem Begriff "Mittelniederdeutsch" zusammengefasst, aus denen später auch das Niederländische und das Plattdeutsche hervorgingen. Durch die dominante Position der Hanse im 14./15. Jh. hatte das Mittelniederdeutsche zunächst eine größere Bedeutung als das südlich dieser Linie gesprochene Mittelhochdeutsche.

Für die Periode nach dieser so genannten Zweiten Lautverschiebung unterscheiden Sprachwissenschaftler drei Perioden der niederländischen Sprachentwicklung: das Altniederländische (9. bis 12. Jh.), das Mittelniederländische (12. bis 16. Jh.) sowie das Neuniederländische (seit dem 17. Jh.).

Das Altniederländische - Entwicklung im Mittelalter

Das Altniederländische entwickelte sich im Mittelalter (9. bis 12. Jh.) aus dem altniederfränkischen Dialekt des Niederdeutschen.

Das Mittelniederländische - Blüte der Literatur

Das Mittelniederländisch war eine Literatursprache, die seit dem 12. Jh. aus verschiedenen, vor allem südlichen Dialekten hervorging. In den reichen Handelsstädten Gent und Brügge blühte die Literatur. Im 13. Jh. führte der westflämische Universalgelehrte Jacob von Maerlant eine allgemeine Schriftsprache auf flandrisch-brabantischer Grundlage ein, die von den Niederländern im Mittelalter *dietsch* oder *duitsch* genannt wurde - woraus sich das heutige englische "dutch" für "niederländisch" herleitet.

Das Neuniederländische - vom "Goldenen Jahrhundert" bis heute

Das heutige Neuniederländisch entwickelte sich seit dem 17. Jh., dem sogenannten "Goldenen Jahrhundert", vor allem aus dem Amsterdamer Dialekt. Die Provinz Holland mit der Hauptstadt Amsterdam war damals das Zentrum des weltweiten Kolonialhandels und war von daher fortan bedeutender bei der Sprachentwicklung als das damals spanisch besetzte Flandern, die frühere wirtschaftliche Hochburg. Meilensteine bei der Entwicklung zu einer einheitlichen niederländischen Schriftsprache waren - wie in Deutschland - die Erfindung des Buchdrucks und die kirchlich autorisierte Bibelübersetzung: Laurens Janszoon Coster führte im 15. Jh. in Haarlem den Buchdruck ein und ist damit das Gegenstück zum Mainzer Johannes Gutenberg, dessen Errungenschaft seit einiger Zeit in Fachkreisen sowieso umstritten ist: Nach der gängigen Forschermeinung hat er seine bekannte 42-zeilige Bibel mit beweglichen Lettern gedruckt. Einige Indizien sprechen aber dafür, dass Gutenberg sich statt der bisher angenommenen beweglichen Lettern "nur" einer Ganzformplatte bedient haben soll. Das Gutenberg-Museum in Mainz weist diese These natürlich genauso weit von sich wie die Ansicht, dass jener Holländer Laurens Janszoon Coster der eigentliche "Vater des Buchdrucks" sei. Eine mindestens genauso große Bedeutung für die Verbreitung des Niederländischen hatte zweifellos die erste kirchlich autorisierte niederländische Bibelausgabe, genannt *Statenbijbel* (1637), vergleichbar der ersten deutschen Bibelübersetzung von Martin Luther.

Im 19. Jh. entstanden erste Regeln zur Vereinheitlichung der niederländischen Sprache, seit 1815 amtlich als *Nederlands* bezeichnet.

Die Niederlande und Belgien haben am 9. September 1980 die sogenannte "Niederländische Sprachunion" (*Nederlandse Taalunie*) geschaffen, der 2005 die ehemalige niederländische Kolonie Surinam als assoziiertes Mitglied beigetreten ist. Diese *Taalunie* regelt eine gemeinsame Rechtschreibung und Grammatik sowie die Pflege der Sprache.

In der Gegenwart ist eine Weiterentwicklung des Niederländischen im Westen des Landes zu beobachten, die Sprachwissenschaftler als *Poldernederlands* bezeichnen und erstaunlicherweise zuerst vor allem bei der weiblichen, eher gebildeten Bevölkerung beobachtet haben. Auffällig ist das Poldernederlands bei den Diphtongen: *ei* wird zu *aai* wie in *klaain* ("klein"), *ui* zu *ou* wie in *houswerk* ("Hausarbeit"), *ou* zu *aau* wie in *vraauw* ("Frau"). Aber auch Endungen (Suffixe) verändern sich: *-(e)lijk* wird zu *-baar*, z.B. *onnoembaar* statt *onnoemelijk* ("unaussprechlich"). Eine weitere Veränderung fällt in der Vergangenheitsform Perfekt auf: Das Hilfsverb *hebben* ("haben") wird öfters durch *ben* ("sein") ersetzt, z.B. *ik ben vergeten* ("ich bin vergessen") statt *ik heb vergeten* ("ich habe vergessen").

Weitere aktuelle Entwicklungen in der Sprache, die von bestimmten Gruppen ausgehen, sind unter "Gruppenspezifisches Niederländisch" angegeben, genauso wie beliebte Kürzel beim Gebrauch von SMS im Handy-Zeitalter (☞ Seite 28).

Rechtschreibung

Niederländische Schüler haben es im Fach Niederländisch leichter als deutsche, denn die niederländische Rechtschreibung richtet sich weitestgehend nach der Aussprache. Außerdem werden alle Wörter klein geschrieben - mit Ausnahme von Eigen- und Völkernamen (z.B. *Italiaan, Duitser, Azteek, Eskimo*) und des Satzanfanges. In Deutschland entfallen immerhin rund 25 % der Fehler in Schuldiktaten auf die Groß- und Kleinschreibung. Die Kommasetzung ist den niederländischen Schülern weitgehend frei gestellt. Niederländischen Schülern bereiten folgende Schreibungen das meiste Kopfzerbrechen: Konsonantenverdopplung, Schreibung der Verben, Wortende mit *-d* oder *-t*, Lehnwörter, die Diphtonge *ei/ij* und *au/ou* sowie die Laute *c/k*.

Geschichte der Rechtschreibung

Wie in Deutschland wurde die niederländische Rechtschreibung erstmals im 19. Jh. einheitlich geregelt: im Jahr 1804. Einige Jahrzehnte später (1866) stellten De Vries und Te Winkel eine Wörterliste für den Unterricht zusammen. Es dauerte fast ein Jahrhundert (1954), bis eine neue *Woordenlijst van de Nederlandse Taal* erschien, genannt *Groen Boekje* ("Grünes Buch"). Dieses Werk ist von seiner Bedeutung her am ehesten dem deutschen Duden vergleichbar. Dieses *Groen Boekje* enthielt eine Reihe von Anpassungen der Schreibungen an den Sprachgebrauch. Noch weiter gingen die Regeln für Lehnwörter von 1955, die den Niederländern die Wahl zwischen zwei Schreibweisen ließen: der *voorkeurspelling* ("Bevorzugtschreibung") - z.B. *apotheek, examen* oder *quiz* - sowie der *toegelaten* oder *progressieve spelling* ("zugelassene bzw. fortschrittliche Schreibung") mit *apoteek, eksamen* und *kwis*.

Dieses etwas verwirrende Nebeneinander hatte mit dem *Groen Boekje* von 1995 ein Ende: Danach galt die einstige *voorkeursspelling* nicht mehr, aber Ungereimtheiten blieben, etwa beim Laut *k* in Lehnwörtern: Geschrieben als "k" bei *fotokopie* und *vulkaniseren*, aber als "c" bei *insect, publicatie* und *product*. Es heißt *akkoord* ("Beschluss"), aber *accordeon*, oder *vacature* ("freie Stelle"), aber *vakantie* ("Ferien"). Nicht immer eingängig ist auch die willkürliche Festlegung von *qu*: *quiz* und *quasi* werden mit "qu" geschrieben, aber *kwantum, kwantiteit* und *kwarts* mit "kw". Parallelen zu Deutschland mit der teils inkonsequenten (nicht)deutschen Schreibweise von Lehnwörtern werden deutlich.

Seit Oktober 2005 gibt es eine neue Woordenlijst (*Groen Boekje*). Von den 102.000 Stichwörtern tauchten 96.000 auch in der Version von 1995 auf, von denen wiederum 2,7 % anders geschrieben werden. Unter den Stichwörtern sind auch 2.000 spezifisch flämische Wörter (etwa *basketten* für "Basketball spielen") und 500 Wörter aus Surinam. Aus Surinam kommen Wörter wie *bacove* ("Essbanane"), *bakeljouw* (erinnert an den portugiesischen "bacalhau"), *handknie* ("Ellenbogen"), *porknokker* ("Goldsucher") oder *schuier* ("Zahnbürste"). Außerdem enthält die Woordenlijst neue Wörter wie *sms'en, i-bankieren, antrax oder poldercultuur.* Seit Sommer 2006 gibt es neben der offiziellen Rechtschreibung mit dem *Groen Boekje* auch eine inoffizielle Rechtschreibung (sogenannte *witte spelling)* mit dem *Witte Boekje*, das den Schreibenden mehr Spielraum lässt und von vielen Verbänden, Verlagen sowie den drei größten landesweiten Qualitätszeitungen getragen bzw. genutzt wird.

Diskussionen um die Änderungen der Rechtschreibung, besonders bei Lehnwörtern und der Zusammen-/Getrenntschreibung, erinnern an ähnliche Diskussionen vor der deutschen Rechtschreibreform in den 90er Jahren. Aber anders als in Deutschland gibt es in den Niederlanden alle zehn Jahre kleine Änderungen der Rechtschreibung. Dazu werden jährlich Diktate mit Problemfällen der niederländischen Rechtschreibung abgehalten - für Kulturbeflissene und Sprachbegeisterte eine staatsbürgerliche Pflichtübung wie sonst Wahlen. Am Rande: Flamen schneiden bei diesen Diktaten häufig besser ab als Niederländer.

Was niederländischen Schülern Schwierigkeiten bereitet

Wie in Deutschland wird häufig über die Schreibung von Lehnwörtern gestritten: Generell neigt man aber eher zur integrierten Schreibung, also der

"Verniederlandisierung" von Lehnwörtern, z.B. *gelobbyd, gebingood, kwarts, kwantum, moellah* oder *sekse.*

Das *t* oder *d* am Ende von Wörtern klingt immer als "t", wird aber unterschiedlich geschrieben, z.B. bei *biet* ("Rübe") und *bied* ("ich biete") oder *mijt* ("Stapel/Heu") und *mijd* ("ich vermeide"). Lediglich im Plural ist der Unterschied zu hören. Sollte es - wie vorgeschlagen - zu einer Änderungen von *d* zu *t* kommen, wäre dieser Bedeutungsunterschied nicht mehr an dem geschriebenen Wort erkennbar.

Hilfreich in der niederländischen Rechtschreibung ist das Trema (z.B. *ë*), häufig gebraucht bei zusammengeschriebenen Wörtern mit aufeinanderfolgenden Vokalen. Dadurch werden Wortkonstruktionen wie *drieëndertig* ("dreiunddreißig") leichter lesbar. Bis vor kurzem schrieb man auch *naäpen* ("nachäffen"), oder *meeëten* ("mitessen"), aber die Rechtschreibänderungen von 1996 haben bei zusammengesetzten Wörtern, die keine Zahlwörter sind, das Trema durch einen Bindestrich ersetzt, in diesen Fällen also *na-apen* oder *mee-eten.* Ähnlich wie in Deutschland, wo mit der neuen Rechtschreibung ja auch der flexible Gebrauch von Bindestrichen forciert wurde, um Missverständnisse bzw. Doppeldeutigkeiten bei Wörtern wie Druckerzeugnisse, Wachstube oder Musikerleben zu vermeiden. Also *Druck-Erzeugnis* und *Drucker-Zeugnis* statt *Druckerzeugnis, Wach-Stube* und *Wachs-Tube* statt *Wachstube* oder *Musik-Erleben* und *Musiker-Leben* statt *Musikerleben.* Das Trema bei nicht zusammengesetzten Wörtern wie *zeeën* ("Seen") bleibt bestehen. Viel diskutiert wird auch das Thema Zusammen-/Getrenntschreibung. Im internationalen Vergleich stehen die Niederländer mit ihrem Hang zur Zusammenschreibung in der Mitte - ein Kompromiss zwischen den französischen "Hackern" mit "chambre a coucher" ("Schlafzimmer"), den englischen "Stolplern" mit "financial advise commitee" und deutschen Wortschleifen wie "Donaudampfschifffahrtsgesellschaftsbeamtenuniform". Daher ist es nur konsequent, wenn mit der *Woordenlijst* 2005 im Englischen getrennt bzw. mit Bindestrich geschriebene Wörter als zusammengeschriebene in die niederländische Sprache aufgenommen wurden, etwa *eyeopener* (engl. "eye-opener"), *pullover* (engl. "pull-over") oder *online* (engl. "on line").

Zur Verbindung von Wörtern dient im Niederländischen das *tussen-n* ("zwischen-n"), wenn das erste Wort in der Mehrzahl auf *-en* endet, z.B. in *grachtengroen* ("Grachtengrün"), *paardenmest* ("Pferdemist"), *pannenkoek* ("Pfannkuchen") oder *trappenhuis* ("Treppenhaus"). Kann das erste Wort im Plural sowohl auf *-n* als auch auf *-s* enden, entfällt das *tussen-n.* Beispiele dafür sind *geboortecijfer* ("Geburtenziffer") und *gemeentefusie* ("Gemeindefusion"). Diese Regel für das *tussen-n* gibt es übrigens erst seit 1996. Einige traditionelle Pfannkuchen-Häuser nennen sich gemäß der alten Schreibung noch *pannekoekenhuis*, wo *pannenkoeken* angeboten werden. Damit die Rechtschreibung nicht zu einfach ist, gibt es natürlich gleich eine ganze Reihe weiterer Ausnahmen von dieser Regel zum *tussen-n.* Das Ganze erinnert an Widersprüchlichkeiten bei der neuen deutschen Rechtschreibung, wo wir mal zusammenschreiben, mal getrennt schreiben.

Paarade(n)mes

Das *tussen-n* wird bei Zusammenschreibungen dann nicht verwendet, wenn der erste Teil einzigartig ist, z.B. *zonneschijn* oder *koninginnedag*, die Bedeutung verstärkt, z.B. *beresterk* ("bärenstark") oder *boordevol* ("randvoll"), oder ein Körperteil ist, z.B. *kinnebak* ("Kinn"), *ruggespraak* ("Rücksprache").

Für eine Ausnahmeregel für botanischen Namen musste man bis 2005 fast ein eigenes Studium ablegen: Zusammengesetzte Wörter, die botanische Namen waren, deren erster Teil ein Tiername war und deren zweiter Teil auf die Pflanze hindeutete, wurden im Gegensatz zur allgemeinen Regel ohne *tussen-n* geschrieben. Beispiele waren *paardebloem* ("Pferdeblume") oder *kattekruid* ("Katzenkraut") und *paddestoel* ("Pilz").

Seit 1. August 2006 darf/muss man kraft Gesetz (Woordenlijst von 2005) *paddenstoel, paardenbloem* und *kattenkruid* schreiben - das Bindungs-n wird also häufiger verwendet.

Dialekte und Soziolekte

Mundarten

Als Schriftsprache wird fast immer das *ABN (Algemeen Beschaafd Nederlands)*, das offizielle Niederländisch, benutzt. In den verschiedenen Teilen der Niederlande werden aber verschiedene Mundarten bzw. Dialekte gesprochen, bei denen sich die Aussprache je nach Mundart unterscheidet. Die Dialektforscherin Jo Daan hat 28 verschiedene Dialekte gezählt und diese in 6 Gruppen eingeteilt.

Besonders auffällig sind die Unterschiede zwischen nördlichen und südlichen Dialekten. Als wichtigstes Unterscheidungsmerkmal gilt das *zachte g* ("weiches g"): Südlich der Flüsse Maas, Waal und Rhein werden das *g* und *ch* wie das weiche "ch" in "kriechen" gesprochen, während nördlich dieser Linie das harte "ch" wie in "Dach" gilt. Die Unterschiede zwischen den Dialekten sind so stark, dass etwa ein Sprecher aus Groningen jemanden aus Flandern nur schwer verstehen kann - genauso wenig wie etwa ein Mecklenburger einen Bayern.

Im Niederländischen und Flämischen unterscheiden sich sogar einige Wörter, wobei in Flandern der Einfluss des Französischen auffällt. Im Flämischen heißt etwa "Feuerwehrmann" *pompier*, in den Niederlanden *brandweerman*, die "Heizung" *chauffage*, in den Niederlanden *verwarming* und "erfreulich" *plezant* und in den Niederlanden *leuk*. Genau andersherum ist es allerdings beim Regenschirm: In den Niederlanden *paraplu* (vom französischen "parapluie"), in Belgien *regenscherm*.

Bei den östlichen Dialekten (das sächsische Gebiet und Limburg) ist teilweise die Diphtongierung noch nicht vollzogen, dann heißt es *huus* oder *hoes* statt *huis*.

Im Grenzbereich haben die niederländischen Dialekte Ähnlichkeit mit den benachbarten deutschen, etwa in Venlo und Krefeld, Drenthe und Emsland oder am Niederrhein und im östlichen Limburg. Obwohl diese Dialekte mehr Gemeinsamkeiten etwa mit dem Plattdeutschen haben als mit Dialekten in den holländischen Provinzen, spricht man von niederländischen Dialekten.

Auffällig ist die starke Gemeinsamkeit der südlichen niederländischen Dialekte mit dem Deutschen, etwa südlich von Arnhem. Nördlich von Arnhem dagegen weisen die deutschen Dialekte - wie das Emsländer Platt - eine starke Gemeinsamkeit mit dem Niederländischen auf.

Sechs Hauptgruppen der Dialekte:

- ♦ südöstliche Dialekte: flämisches und niederländisches Limburg und einzelne nordbrabantische Dörfer
- ♦ nordöstliche Dialekte: Groningen, Drenthe, Overijssel und der Osten von Gelderland
- ♦ südwestliche Dialekte: Westflandern, Seeland und die südholländischen Inseln Goeree und Overflakkee

- südlich-zentrale Dialekte: Brabant, Antwerpen, Ostflandern und das südliche Gelderland
- nordwestliche Dialekte: Nordholland oberhalb des IJsselmeers, die nicht-friesischen Watteninseln, die Küstengebiete der holländischen und südholländischen Inseln außer Goeree und Overflakkee
- nördlich-zentrale Dialekte: der größte Teil von Utrecht und Nord- und Südholland zwischen dem IJsselmeer im Norden und Maas und Lek im Süden

Friesisch - eine eigene Sprache innerhalb der Niederlande

In der niederländischen Provinz Friesland ist Friesisch nicht nur ein Dialekt, sondern eine anerkannte Sprache, die dort auch in verschiedenen (Grund-) Schulen unterrichtet wird. Sie ähnelt den anderen friesischen Mundarten auf Helgoland, den ostfriesischen Inseln sowie in Nordfriesland und gehört zur

Friesland

selben Sprachgruppe wie Deutsch, Niederländisch und Englisch. Die vielen friesischen Wörter aus dem Skandinavischen und dem Englischen lassen sich damit erklären, dass viele Insulaner regelmäßig als Seeleute die Nord- und Ostseeländer besuchten. In friesischer Sprache sind sogar einige Bücher und 1957 ein Wörterbuch herausgegeben worden. Während in Deutschland nur rund 12.000 Menschen Friesisch sprechen, sind es in der niederländischen Provinz Friesland mehr als 400.000 Menschen.

Gruppenspezifisches Niederländisch

Neben den Dialekten in verschiedenen Regionen gibt es noch zahlreiche sogenannte Soziolekte - Sprachvarietäten innerhalb bestimmter Gruppen, die sich nach Alter, Beruf, sozialem Status, Religion oder ethnischer Herkunft richten können. Solche Soziolekte stiften Identität und verstärken das Wir-Gefühl - wie etwa die Jugendsprache mit kurzen Wörtern und vielen Entlehnungen aus dem Englischen, z.B. *loser*. Besondere Formen der Jugendsprache wurden als "Straßensprache" (*smurfentaal*, Appel 1999) oder "Turbosprache" mit vielen Anleihen aus dem Englischen (*turbotaal*, Kuitenbrouwer 1987) wissenschaftlich untersucht - gemein ist allen diesen Formen ihre Kreativität wie aber auch ihre Kurzlebigkeit.

In der alten Kolonialmacht Niederlande fallen natürlich die Soziolekte von großen Einwanderergruppen etwa aus Surinam, Indonesien oder Marokko auf. Indonesier beispielsweise rollen das "R" und gebrauchen viele maleisische Wörter, z.B. *pisang* für *banaan* ("Banane"). Bei einer Ausländerquote von nur 2 % (Deutschland: 8,8 %), aber dafür zahlreichen inzwischen "nationalisierten" Volksgruppen vor allem aus den früheren Kolonien, entstehen so eine Reihe von Soziolekten gemäß dem Herkunftsland.

Die Gruppe eifriger SMS-Nutzer hat die Sprache auf wenige Zeichen reduziert, da ihnen pro Nachricht ja nur höchstens 160 Zeichen zur Verfügung stehen. Einige Beispiele für beliebte niederländische SMS-Kürzel zeigt folgende Tabelle.

Beliebte niederländische SMS-Kürzel

Kürzel	**Niederländische Bedeutung**	**Deutsche Bedeutung**
cu	tot ziens (vom engl. "see you")	Bis bald!
gen8	goedenacht	Gute Nacht!
l8	lacht	lacht
pa	prettige avond	Guten Abend!
pw	prettige weekend	Schönes Wochenende!
tot befs	we bellen/e-mailen/faxen/SMSen	wir telefonieren/faxen/ e-mailen/SMSen noch mal!
ww	waar en wanneer	wo und wann
w8	wacht	Warte!
2moro	morgen (von engl. "tomorrow")	morgen
112	help me (von der Notrufnummer 112)	Hilf mir!
8ter	achter	hinter

Anrede und Kontakte

Die Anrede

Bei der Anrede sind die Niederländer unkomplizierter als die Deutschen; das "Sie" (*u*) ist seltener als das *jij/je* ("Du"). Die Anrede mit Vornamen ist nichts Ungewöhnliches und in Lehranstalten wie Schulen oder Unis die Regel - auch zwischen Lernenden und Lehrenden. Also nicht "Herr Studienrat xy" oder "Frau Professor yx", sondern einfach *Henk* oder *Alida* oder höchstens *meneer xy* oder *mevrouw yx*. Titel erscheinen bei Einträgen in Listen und auf Visitenkarten, nicht aber bei der Anrede im Gespräch. Hier zählen die eigentlichen Werte bzw. Qualifikationen, während Titel für das Selbstwertgefühl von Titelträgern nicht so wichtig sind wie noch bei vielen Professoren, Doktoren, Amtsräten oder Amtsmänninnen in Deutschland.

Damen werden als *mevrouw* angesprochen. Die Anrede *vrouw* war im 19. Jh. für Frauen aus dem einfachen Volk reserviert. Letztere gibt es zwar noch, aber nicht mehr die Anredeform. Jungfrauen gibt es zwar auch noch, diese werden aber nicht mehr *mejuffrouw* angeprochen. Wie in Deutschland mit dem "Fräulein" ist die Anrede für nicht verheiratete Frauen, *mejuffrouw*, nicht mehr zeitgemäß. Die moderne Frau wird ausschließlich *mevrouw* angesprochen - das ist einfach und ohne jede Wertung.

Geradeaus denken und sprechen

Im Gespräch kommen Niederländer schnell zur Sache: Je weiter nördlich sie wohnen, desto direkter sind sie in der Regel. Das in Deutschland öfter übliche Vorgeplänkel bei (dienstlichen) Telefonaten, wie es den Kindern gehe oder was man am Wochenende gemacht habe, entfällt oft. An diese direkte Art müssen sich Zugereiste erstmal gewöhnen, aber dafür weiß man schnell, woran man ist und vermeidet später eher Überraschungen.

Zu Besuch bei Niederländern

Besonders gut lernt man ein anderes Land natürlich durch private Kontakte kennen. Aber schon bei der ersten Einladung sollten einige potenzielle Fettnäpfchen umgangen werden: Erstens ist es immer gut, bei ersten sprachlichen Kontakten auf Niederländisch zu sprechen, etwa *Spreken jullie Duits* ("Sprechen Sie Deutsch?"). Sonst ist die neutrale Drittsprache Englisch auf jeden Fall besser als gleich in Kolonialherrenmanier auf Deutsch loszuplappern. Meistens antworten Niederländer sowieso gleich auf Deutsch oder Englisch, aber die Geste zählt.

Ist einem die Ehre einer privaten Einladung zuteil geworden, geht es bezüglich Mitbringseln nicht so formell zu wie in Deutschland - auch ohne eine Schachtel Pralinen oder einen Blumenstrauß kann man das Haus später wieder erhobenen Hauptes verlassen.

Wird einem dann das obligatorische *kopje koffie* oder *thee* angeboten (vormittags und abends Kaffee, nachmittags oft auch Tee), darf man sich aus einer *trommel* ("Dose") ein *koekje* nehmen.

Kopje koffie mit koekje

Koekje ist die Verkleinerungsform von *koek* ("Kuchen") und steht für "Keks". Ganz wichtig: Nur EIN koekje pro Tasse (manchmal sogar pro Einladung!) nehmen. Deutsche Besucher (besser: Kulturbanausen) fallen oft dadurch auf, dass sie sich erdreisten, gleich mehrmals in die *trommel* zu greifen. Der Niederländer dagegen dosiert und genehmigt sich pro Tasse immer nur einen Keks bzw. ein Stück Kuchen. Manchmal wird die *trommel* selbst bei mehreren Tassen insgesamt nur einmal herumgereicht. Und die Frequenz des Nachschenkens der Tasse wird allein durch die Gastgeber bestimmt. Hinter diesen dosierten Darreichungen steckt vielleicht noch ein Rest Calvinismus und kaufmännischen Glaubens, dass die reiche Handelsnation Niederlande es bei einem maßlosen Verhalten nie zu so viel Wohlstand gebracht hätte!

Sprache und Küche

Der deutsche Tourist kommt vor allem auf der Speisekarte in Restaurants und in Supermärkten mit der niederländischen Sprache in Berührung. Daher einige Hinweise, um sich unangenehme kulinarische Überraschungen zu ersparen.

In der Gastronomie kann es zu ersten Missverständnissen kommen: Im *Coffee-Shop* riecht es weniger nach Kaffee als mehr nach Haschisch. Also eine Einkehr- bzw. Einkaufsgelegenheit nur für eine besondere Spezies von Niederlande-Besuchern - dank der europaweit einmaligen toleranten Drogenpolitik. Im *Café* wird weit mehr als Kaffee und Kuchen geboten: Hier gibt es Snacks und deftige Sachen zu jeder Tages- und Nachtzeit - ähnlich einem englischen "pub" oder einer deutschen Kneipe.

Ansonsten spiegelt sich die Vergangenheit als Handels- und Kolonialmacht in einer bunten gastronomischen Vielfalt wider: Indonesier, Inder, Chinesen, Vietnamesen, Italiener, Türken - mit indonesischer Reistafel, Pizza, Shoarma, Falafel, Gyros und vieles mehr. Nur muss man bei der Nationalität aufpassen: Ein *Indisch restaurant* bietet keine indische, sondern vielmehr indonesische Küche, während man in *einem Indiaas restaurant* indisch speisen kann.

Die wichtigste Redewendung für deutsche Café-Besucher ist wohl: *Een pilsje, alstublieft!* ("Ein Bier, bitte!"). Mit *fris* sind alle möglichen Kaltgetränke gemeint, z.B. *sinas* ("Orangenlimonade"), eine Kurzform von *sinaasappel*, also genau umgekehrt wie bei der deutschen "Apfelsine". Bei beiden ist die Herkunft erkennbar: Apfel aus China. Taucht *spa* auf der Getränkekarte auf, denken viele Deutsche erstmal an ein Heilbad. *Spa* heißen in den Niederlanden alle Sorten Mineralwasser, ob mit (*spa rood*) oder ohne (*spa blauw*) Kohlensäure.

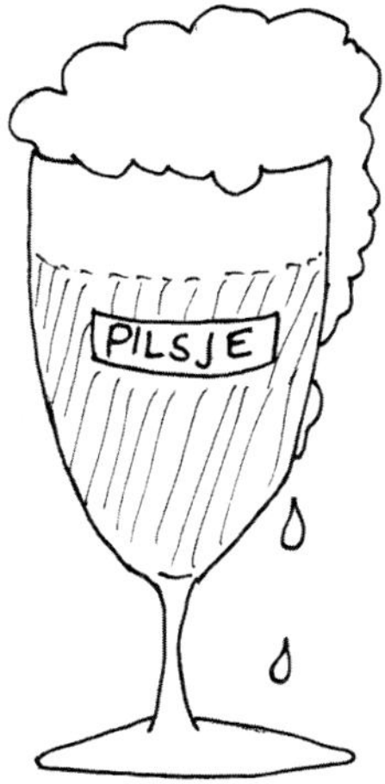

Pilsje

Als Selbstverpfleger sollte man wichtige Unterschiede zu deutschen Begriffen kennen: *broodjes* ("Brötchen") sind weiche, aufgeblasene Brötchen, die eher an wabbelige Hamburger-Hälften erinnern. Werden (vor allem im Grenzbereich) *Duitse Broodjes* angeboten, erhält man die gewohnten knusprigen "deutschen Brötchen". Meistens frisch und knusprig sind auch die in fast allen Supermärkten erhältlichen *stokbroden* ("Stockbrote") - eine bildhafte Bezeichnung für französische Baguettes. Natürlich gibt es diese auch frisch beim *warme bakker* - das Adjektiv bezieht sich mehr auf die noch warme Ware als weniger auf den Bäcker selbst.

Beliebtester Brotbelag ist natürlich Käse - in allen Variationen, wobei die Käsenamen nur die Sorten, nicht aber die Herkunft kennzeichnen. *Edamer* Käse kommt also genauso wenig aus Edam wie *Gouda* aus Gouda. Zusätzlich zu den Käsesorten gibt es die Altersstufen*: jong* ("jung"), *belegen* ("mittelalt") und *oud* ("alt"), wobei ersterer höchstens vier Wochen und letzterer mindestens 10 Monate alt sein muss. Allerlei Zutaten sorgen für zusätzliche Auswahl an der Käsetheke, wo Probestücke die Regel sind. Besonders beliebt ist *komijn* ("Kreuzkümmel"). *Nagelkaas* enthält keine Nägel, sondern Nelken - ein beliebtes Gewürz in den Niederlanden, nicht nur zur Weihnachtszeit. *Pindakaas* ist - trotz des Namens - kein Käse, sondern Erdnussmus, das viel gegessen wird: nicht selten zusammen mit Käse und Marmelade auf Brot. Manche streuen sich auch noch *chocoladehagel* ("Schokostreusel") auf diese Kombination, aber eher auf reines Butterbrot. Außer Schokostreuseln aller Art hageln sich die Niederländer auch Anis und bunt gefärbte Streusel auf das Brot.

Niederländisches Gebäck wie *spekulaas* ("Spekulatius") oder *ontbijt-/kruidkoek* ("Frühstücks-/Kräuterkuchen") ist in Deutschland nur in der (Vor-) Weihnachtszeit erhältlich. In den Niederlanden ist diesbezüglich das ganze Jahr über Weihnachten. Die relativ häufige Verwendung von Kräutern und (weihnachtlichen) Gewürzen ist ein Relikt aus der Kolonialzeit, als die Niederländer aus ihren Kolonien große Mengen bezogen und durch den Handel mit u.a. Gewürzen gute Geschäfte machten.

Wenn der Niederländer viel gegessen hat, ist er nicht *zat*. Nicht weil er so einen unersättlichen Appetit hat, sondern weil *zat* eher für betrunken steht. Nach einer guten Mahlzeit ist der Niederländer *vol*, nach einem Kneipenbesuch *zat*.

Zum Schluss des kulinarischen Kapitels noch einige häufige Quellen von Missverständnissen in Restaurants oder Geschäften: *Groene kool* ist nicht Grünkohl, sondern Wirsingkohl. Grünkohl heißt auf Niederländisch *boerenkool* ("Bauernkohl"). Einige Deutsche haben sich auch schon gewundert, wenn Sie - womöglich noch in einem Nichtraucherlokal - *kippen* auf der Speisekarte gelesen haben: Ein *kip* ist ein Huhn. Ist in den Niederlanden etwas *gebakken*, so kann es gebraten oder gebacken sein. Da machen die Niederländer sprachlich keinen Unterschied. *Gekookt* heißt "gekocht", nicht zu verwechseln mit *gekocht* ("gekauft"), dem Partizip von *kopen*.

Ungewohnt sind auch die Verpackungsbezeichnungen: Eine *trommel* ist eine Keksdose und *doos* ein Karton. Eine Konservendose heißt *blikje*.

Kippen?

Artikel & Geschlecht

In den Niederlanden gibt es drei Arten des grammatikalischen Geschlechts - wie in Deutschland: männlich, weiblich und sächlich. Zwischen der männlichen und weiblichen Form gibt es aber kaum noch Unterschiede: Bei beiden lautet der bestimmte Artikel *de*, also *de man* und *de vrouw*. Das sächliche Geschlecht ist an dem Artikel *het* erkennbar - wie *het jaar*. In der Mehrzahl wird für alle Geschlechter der bestimmte Artikel *de* verwendet (in Deutschland "die"). Als unbestimmten Artikel gibt es nur ein *een*.

Im internationalem Vergleich steht Niederländisch damit zwischen dem Deutschen mit seinen vielen konjugierbaren Artikelformen und dem Englischen mit "the" und "a". Die Geschlechter einzelner Wörter entsprechen oft den deutschen, etwa *de boom* ("der Baum"), *de straat* ("die Straße") oder *het huis* ("das Haus"). Aber leider nicht immer, wie folgende Beispiele beweisen: *het geduld* ("die Geduld"), *het strand* ("der Strand"), *het scherm* ("der Schirm"). Oder andersherum: *de gevangenis* ("das Gefängnis") oder *de krokodil* ("das Krokodil").

Weitere Unterschiede zum Deutschen gibt es beim Artikelgebrauch. Sowohl bei Monatsnamen als auch bei Regionen und Ländern verwenden Niederländer keine Artikel, wie bei *April, Turkije, Provence* - im Deutschen aber "der April", "die Türkei", "die Provence".

Die Geschlechter werden bei den Pronomen noch gelegentlich unterschieden - vor allem im Süden der Niederlande: Bei *de hoogte* ("die Höhe") spricht man im Süden von *zij* ("sie"), im Norden aber von *hij* ("er"). Die Relativpronomen sind leicht mit den deutschen zu verwechseln: *Die* ist im Niederländischen nämlich weiblich und männlich, z.B. *de heer, die ...* Außerdem wird *die* als Relativpronomonen im Plural für alle Geschlechter verwendet, z.B. *de damen, die ...* oder *de kinder, die ...* oder *de heren, die ...*

Woran - außer an den Artikeln - erkennt man das Geschlecht eines Hauptwortes?

Dafür gibt es eine generelle Faustregel: Weibliche Wörter bezeichnen weibliche Lebewesen bzw. haben die *Endungen -ing, -teit, -heid, -ij, -erij.*

Grammatik

Die niederländische Grammatik ist deutlich einfacher als die deutsche. Die verschiedenen Fälle bei Substantiven und Adjektiven - wie Nominativ oder Akkusativ - sind in den letzten 100 Jahren zur Freude der Schüler weitgehend verloren gegangen. Sie treten nur noch in einigen feststehenden Redewendungen auf und sind auch bei einigen persönlichen Fürwörtern erkennbar, z.B. *ik* ("ich", Nom.) oder *mij* ("mir", Dat.) oder *me* ("mich", Akk.).

Adjektive

Bei den Adjektiven verzichten die Niederlande auf lange Wortungetüme wie im Deutschen und verwenden eher Umschreibungen, z.B. *getal met vier cijfers* statt "vierstellig" oder *in staat, tegenstand te bieden* statt "widerstandsfähig". Statt zusammengesetzter Substantive wird eher ein zusätzliches Adjektiv eingeschoben, z.B. *stalen ring* statt "Stahlring" oder *houten deurramen* statt "Holztürfenster".

Die Adjektive zur Beschreibung von Substantiven lassen sich wie im Deutschen in bestimmte Gruppen unterteilen, etwa solchen, die Stoffe beschreiben und auf *-en* enden, z.B. *houten* ("hölzern"), *ijzeren* ("eisern"), *gouden* ("golden"), *zijden* ("seiden"), *katoenen* ("baumwollenen").

Die Endung *-s* entspricht dem Deutschen "-sch", etwa *hemels* ("himmlisch") oder *engels* ("englisch").

Häufig ist auch die Endung *-achtig* für Adjektive, die ebenfalls von Substantiven abgeleitet sind, und für die es verschiedene deutsche Entsprechungen gibt, z.B. "-haft" bei *twijfelachtig* ("zweifelhaft"), "-artig/-ähnlich" bei *katachtig* ("katzenartig/-ähnlich") oder "-sch" bei *kinderachtig* ("kindisch").

Die von Verben abgeleiteten Adjektive erkennt man vor allem an den Endsilben: *-baar* wie in *breekbar* ("zerbrechlich") oder *eetbaar* ("essbar") sowie *-zaam* wie in *volgzaam* ("folgsam") oder *deugdzaam* ("tugendhaft").

Substantive

Bei der Zusammenschreibung von Substantiven werden diese meistens durch ein *e* oder *en* verbunden (☞ *tussen-n* bei Rechtschreibung). Wie bei den Adjektiven gilt auch bei den Substantiven, dass Zusammenschreibungen zugunsten von Umschreibungen seltener sind. Statt "Holztür" heißt es *houten deur* und statt "Großstadt" *grote stad.*

Präpositionen

Die Bedeutung der Präpositionen erschließt sich oft aus dem übrigen Zusammenhang, aber gelegentlich lauern auch hier Fallen, die zu Missverständnissen führen können. *Met* etwa hat nichts mit "Mett" zu tun, sondern wird neben der Bedeutung "mit" auch für "in" und "zu" verwendet, etwa bei *met vakantie gaan* ("in den Urlaub fahren") oder *met kerstmis* ("zu Weihnachten").

Sehr vielseitig ist *bij*, das neben "bei" "durch", "aus" und "zu" bedeuten kann, z.B. *bij vergissing* ("durch Vergesslichkeit"), *bij toeval* ("aus Zufall") oder *bij hem* ("bei ihm"). Kaum seltener taucht *op* auf - in der Bedeutung von "an/am", "auf", "in/im" oder "zu". Einige Beispiele*: op de hoogte* ("auf der Höhe"), *op donderdag* ("am Donnerstag"), *op leeftijd* ("in dem Alter"), *op de grond gooien* ("auf den Boden werfen").

Verben

Viele der niederländischen Verben ähneln in Bedeutung und Formbildung den deutschen. Sie enden wie diese auf *-en.* Bei folgenden häufigen Verben treten aber regelmäßig Missverständnisse zwischen Niederländern und Deutschen auf:

Zullen ist Hilfsverb der Zukunft mit der Bedeutung von "werden", z.B. *hij zal morgen hier zijn* ("er wird morgen hier sein"). Für das dahinter zu vermutende "sollen" gibt es im Niederländischen *moeten* (aber auch *zullen* oder *willen)*, das gleichzeitig die Bedeutung von "müssen" mit abdeckt. Bei der Verneinung hat *moeten* nur die verbindliche Bedeutung von sollen, z.B. *dat moet niet* heißt "das soll nicht" bzw. "das darf nicht". Die unverbindlichere Aussage "das muss nicht" lautet im Niederländischen *dat hoeft niet*, von *hoeven* ("müssen, brauchen").

Wenn Niederländer von *durven* sprechen, meinen Sie "wagen" oder "sich trauen". Das deutsche "dürfen" heißt auf Niederländisch *mogen*, welches wiederum an "mögen" erinnert. Wenn Niederländer z.B. etwas mögen, *lusten* Sie es - was wiederum mit dem deutschen Wort "Lust" verwandt ist. Ein Beispiel für *lusten* bzw. "mögen": *Wil jij melk?* ("Willst Du Milch?") - *Ja, ik lust melk* ("Ja, ich mag Milch.").

Missverständlich für deutsche Ohren ist auch *afmaken*, das Niederländer nicht im Geschäftsleben, sondern eher in Krimis gebrauchen - in der Bedeutung von "erledigen, kalt stellen, umbringen". Niederländische Entsprechungen für das deutsche "abmachen" sind *regelen, overeenkomen* oder *afspreken*.

wie & als

Das deutsche Fragewort "Wie?" hat die niederländische Entsprechung *hoe*? Dieses *hoe* übernimmt auch die Bedeutung von "je", etwa in der Redewendung *hoe langer ... des te ...* ("je länger ... desto ...). Zurück zum "Wie":

Bei den Konjunktionen wird im Gegensatz zum Deutschen "wie" das niederländische *als* für Vergleiche verwendet, z.B. *groot als ik* ("groß wie ich"). *Als* im Niederländischen kann aber auch die Bedeutung von "falls/wenn" haben, etwa in *als hij komt* ("wenn/falls er kommt"). Das deutsche "als" wird in der vergleichenden Bedeutung durch *dan* abgedeckt: *groter dan ik* ("größer als ich"), während für die zeitliche Bedeutung das niederländische *toen* steht: *toen hij kwam* ("als er kam"). *Toen* kann aber auch "dann" heißen, etwa in dem Sinn *en toen riep hij* ("und dann rief er"). Wie man sieht, bedeutet die gleiche Schreibweise nicht immer die gleiche Bedeutung.

Sprachverwandschaft mit anderen Sprachen

Mit dem Niederländischen eng verwandt sind außer Afrikaans, der Burensprache in Südafrika, auch die verschiedenen Kreolsprachen in ehemaligen Kolonien wie Surinam, den Antillen und den Westindischen Inseln.

Durch die verschiedenen Einflüsse anderer europäischer Sprachen kam es zu zahlreichen Einflüssen, etwa der alten Hof- und Herrschaftssprache Französisch, dem Englischen oder dem - ungeliebten - Deutschen. Zahlreiche Wörter aus diesen Sprachen wurden als *bastaardworden*, als "Lehnwörter", in das Niederländische übernommen, mehr oder weniger angepasst.

Blick nach Frankreich

In früheren Jahrhunderten galt Französisch als Verkehrssprache des Adels. Zumindest bis zur Französischen Revolution orientierte sich die Oberschicht ganz Europas an Versailles. Auch heute noch steht Frankreich als Urlaubsland bei den Niederländern hoch im Kurs - nach Deutschland.

Parallel zu vielen französischen Lehnwörtern bestehen auch niederländische Wörter mit derselben Bedeutung. Die Entlehnungen aus dem Französischen konnten sich also gegenüber den niederländischen Äquivalenten nicht vollständig durchsetzen und werden neben diesen verwendet. Jedoch haben die französischen Ausdrücke oft Vorrang vor den eigenen, etwa bei *visite* gegenüber *bezoek* ("Besuch") oder *jus d'orange* gegenüber *sinaasappelsap* ("Orangensaft"). Kein Wunder, dass im Bereich Höflichkeit viele französische Wörter durch den übertriebenen Einsatz im Adel bis heute überlebt haben: *pardon* ("Verzeihung"), *cadeau* ("Geschenk") oder für "bitte" die Abkürzung *s.v.p.* (von "s´il vous plaît"), auch wenn es dafür mit *a.u.b. (alstublieft)* eine ureigene niederländische Variante gibt.

Viele Bereiche, mit denen die Oberschicht früher zu tun hatte, wimmeln heute noch von französischen Wörtern, etwa im Bereich Geldsachen: *bankbiljet* (vom Französischen "billet") oder *cheque*, ausgesprochen wie im Deutschen, dort aber "Scheck" geschrieben. Die Langeweile pflegte sich der Adel u.a. mit Spielen zu vertreiben und entsprechenden französischen Wörtern, die noch üblich sind: *roulette, croupier* oder *kans* (von "Chance"). Auch Reisen war früher ein Privileg des Adels, und daher haben sich gerade dort viele französische Wörter bis heute in der niederländischen Sprache erhalten: *perron* ("Bahnsteig"), *conducteur* ("Schaffner"), *coupé* ("Zugabteil"), *(bus)chauffeur* ("Fahrer"), *bagage* ("Gepäck"), *entreekaartje* ("Eintrittskarte"), *douane* ("Zoll"). Eines der wenigen französischen Wörter, die sogar bei uns vorkommen, haben die Niederländer aus ihrer Sprache verbannt: das Baguette, das dort *stokbrood* heißt.

Blick nach England

Gegenwärtig werden die meisten Fremdwörter aus der englischen Sprache entlehnt.

Dabei handelt es sich nicht nur um technische Fachausdrücke wie *computer, printer, monitor* oder *display*, sondern vor allem Modewörter der jüngeren Generation: *shit* ("Scheiße"), *heavy* ("beeindruckend"), *loser* ("Verlierer"), *fresh* ("neu"), *spacen* ("ausflippen").

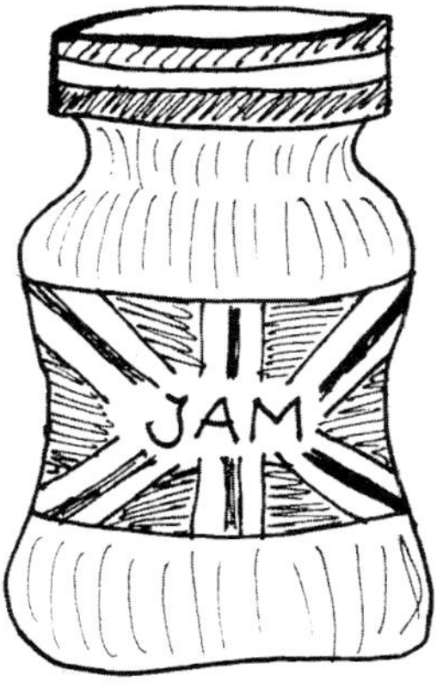

Britische Einflüsse

Wie im Deutschen sind auch Bereiche wie Marketing (z.B. *image, corporate identity*) und vor allem Sport mit englischen Wörtern durchsetzt - etwa beim *joggen*, *golf*, aber auch *tennisracket* für "Tennisschläger" und *keeper* für "Torwart", obwohl es für letzteren mit dem *doelman* (wörtlich "Tormann") auch ein niederländisches Wort gibt, das allerdings kaum noch verwendet wird.

Viele Wörter aus verschiedensten Bereichen sind mit dem Englischen identisch, wie *jam* ("Marmelade"), *frame* ("Fahrradrahmen"), *(bal)pen* ("Kugelschreiber"), *envelop* ("Briefumschlag"), *weekend* ("Wochenende"), *fraude* ("Betrug"), *sorry* ("Entschuldigung"), *mist* ("Nebel"), *tram* ("Straßenbahn"), *tent* ("Zelt") oder *success* ("Erfolg").

Zahlreiche Wörter zeigen Anpassungen an die niederländische Schreibweise: *inktvis* ("Tintenfisch") vom englischen "ink", *kamperen* ("zelten") von "campen", *trein* ("Zug") von "train", *wiel* ("Rad") von "wheel", *biefstuk* ("Rindfleisch") von beef, *kalmeren* ("beruhigen") von "calm (down)", *proef* ("Test") von "to prove", *les* ("Unterrichtsstunde") von "lesson", oder *katoen* ("Baumwolle") von "cotton".

Andere Wörter wurden direkt als englische Partizipien "verniederlandisiert", z.B. *gefaxt, gebingood, gelobbyd, gehandicapte.*

Blick in den Norden

Viele Ähnlichkeiten mit anderen germanischen Sprachen beruhen auf Lautkorrespondenzen, die wiederum auf verschiedenen Gesetzmäßigkeiten beruhen.

So wurde im Hochdeutschen das *d* zu *t* verschoben und der Diphtong (Doppellaut) *ui* zu *au*, in vielen anderen Sprachen aber nicht. So kommt es, dass das Niederländische oft den skandinavischen Sprachen näher steht als dem Deutschen, was an folgenden Beispielen deutlich wird: "Vater" heißt auf Niederländisch *vader* und auf Schwedisch und Dänisch ganz ähnlich "fader". Das Englische hat hier den *th*-Laut gebildet, also "father".

Beim Diphtong *au* nimmt das Niederländische eine Mittelstellung ein: *huis* steht für "Haus". "Hus" dagegen heißt es auf Schwedisch, Dänisch, Norwegisch und auch auf Niederdeutsch. Ganz ähnlich sind das Friesische "hûs" und das Isländische "hús".

Als seefahrendes Volk nahmen die Niederländer auch einige Wörter der nordischen Sprachen in ihre Sprache auf. Aus all diesen Gründen fällt Niederländern das Erlernen skandinavischer Sprachen relativ leicht.

Blick nach Deutschland

Nach Untersuchungen sind rund zwei Drittel des niederländischen Wortschatzes dem Deutschen mehr oder weniger ähnlich, wie folgende Beispiele zeigen: *akker* ("Acker"), *brood* ("Brot"), *brug* ("Brücke"), *diefstal* ("Diebstahl"), *dijk* ("Deich"), *duinen* ("Dünen"), *heuvel* ("Hügel"), *huis* ("Haus"), *hond* ("Hund"), *wad* ("Watt") oder *weiland* ("Weide").

Andere deutsche Wörter im Niederländischen haben ihre ursprüngliche Schreibweise und Aussprache behalten, etwa Militärisches wie *Blitzkrieg*, Kulinarisches wie *Schwarzwälderkirschtorte* (nicht *zwarte woud taart*!), zuvor unbekannte Tätigkeiten wie *langlaufen* sowie *sowieso* und *überhaupt*. Überhaupt sind manche Entlehnungen bereits so alt und dem Niederländischen angepasst, dass die deutsche Herkunft dieser Wörter nicht mehr zu erkennen ist, etwa *voorlopig* ("vorläufig"), *tijdschrift* ("Zeitschrift") oder *ontwikkeling* ("Entwicklung").

Niederländisch und das Berlinerische

Andersherum hat das Niederländische so manchen deutschen Dialekt beeinflusst, so auch erstaunlicherweise das Berlinerische! Im 16. Jh. siedelten tausende (religiös zuhause verfolgte) Niederländer auf Einladung des Markgrafen zu Brandenburg. Niederländer galten schon damals als Meister des Wasserbaus und der Landwirtschaft; sie sollten Brandenburgs Moor in landwirtschaftliche Nutzflächen verwandeln, Deiche bauen und Sümpfe trockenlegen. Und so nebenbei haben sie auch die Sprache ihrer Gastgeber - bis heute sicht- bzw. hörbar - beeinflusst. Einige Beispiele aus dem Berliner Dialekt: "ikke" von *ik* ("ich"), "ooch" von *ook* ("auch"), "koofen" von *kopen* ("kaufen"), "ooge" von *oog* ("Auge"), "keene" von *geen* ("keine"), "weeß" von *weet* ("weiß"), "meester" von *meester* ("Meister") sowie wortwörtlich "dat" und "wat".

Blick nach Asien - Tulpe & Tsunami

Nicht viele Wörter aus Asien haben den Einzug in die niederländische Sprache geschafft. Aber dazu gehört eines, dass noch heute einen der wichtigsten Wirtschaftszweige des Landes beherrscht: "Tulpen aus Amsterdam".

Tul(pen)band

Im 16. Jh. wurden erstmals Zwiebelblumen mit dem Namen "Tulipan" aus Persien und der Türkei importiert. Der Name soll auf einen Turban (*tulband* auf Niederländisch) zurückgehen, deren Form derjenigen umgedrehter Tulpen gleicht. In Holland mit seinem fruchtbaren Marschboden begann schon nach wenigen Jahren die Tulpenzucht im großen Stil, welche die enorm wachsende Nachfrage aus dem westlichen Europa kaum befriedigen konnte. Mit gewissen Schwankungen hält die quasi-fabrikmäßige Blumenzucht bis heute an: Im Westen und Norden des Landes sind die Felder im Frühling übersät mit Tulpen, Lilien, Krokussen, Hyazinthen und Narzissen. Ein schöner Anblick - aber leider werden diese Blumen so stark gespritzt, dass man sich lieber von ihnen fernhalten sollte, es sei denn, es sind Öko-Blumen. Auch Schnittblumen, die nach den Zwiebelblumen blühen, bieten ein tolles Farbspektrum - und sind weniger mit Pestiziden verseucht. So traurig es klingt: "Tulpen aus Amsterdam" gehören heute wegen ihrer hohen Pestizidbelastung eigentlich in den Giftmüll ...

In der heutigen globalisierten Kultur finden weitere asiatische Wörter eine schnelle Aufnahme in die Sprache - wie etwa die japanischen Wörter *shiatsu* (eine Art Massage) und *tsunami* (geotektonisch verursachte Flutwelle), die seit 2005 in der niederländischen *Woordenlijst* geführt werden.

Eine multikulturelle Gesellschaft wie die niederländische nimmt natürlich auch schnell weitere Wörter ihrer Einwanderer auf, auch aus dem arabischen Raum und dem Nahen Osten. So werden *boerka* (körperbedeckendes Kleid mit Sehschlitz), *feloeka* (eine arabische/ägyptische "Feluke" ist ein spezielles Segelschiff) und *moellah* ("Mullah", ein arabischer Schriftgelehrter) seit 2005 in der *Woordenlijst* geführt - in niederländischer Schreibweise. Auch hebräische Begriffe bereichern seitdem die niederländische Sprache - wie *bollebof* ("Chef"), *kaddisj* ("Gebet"), *mezomme* ("Geld"), *mazzel* ("Glück") oder *geintije* ("Witz").

Falsche Freunde

Wegen der vielen Ähnlichkeiten zwischen dem Niederländischen und dem Deutschen meinen wir oft, die Sachverhalte der jeweils anderen Sprache schnell zu verstehen. Im Großen und Ganzen klappt das gut, aber es locken auch einige Fallen, sogenannte *valse vrienden* oder "falsche Freunde", wenn bestimmte Wörter etwas anderes bedeuten, als wir denken. Wenn ein Niederländer über Gefühle redet, könnten wir es z.B. als rationale Bemerkung abtun, denn die Worte *hart* und *ziel* lassen im Deutschen nur wenig Emotionen hochkommen. Diese beiden Wörter heißen übersetzt aber "Herz" und "Seele", während die deutschen Wörter "hart" und "Ziel" auf Niederländisch *stevig* und *doel* heißen.

Dann gibt es noch Wörter, bei denen die Bedeutungen genau andersherum sind, als man vermuten könnte, z.B. bei *zeldzaam* und *raar*: *Zeldzaam* heißt "selten" oder "rar", während das niederländische *raar* die deutsche Bedeutung von "seltsam" hat.

Im Folgenden sind einige beliebte Beispiele für weitere missverständliche Wörter aufgeführt:

Von agent bis volkslied

agent: Das klingt nach 007 James Bond, gemeint ist aber ein Polizist.

bellen: In den Niederlanden bellt nicht der Hund, sondern der Anrufer bei einem Telefonat: "Anrufen" heißt nämlich auf Niederländisch *bellen*. Niederländische Hunde dagegen *blaffen*, wenn deutsche bellen.

Bellen auf Niederländisch

baan: Damit bezeichnen Niederländer einen Job bzw. einen Arbeitsplatz, nicht aber die "Eisenbahn", die *trein* heißt.

brutaal: wenn jemand *brutaal* ist, wendet er keine Brachialgewalt an, sondern ist lediglich frech. Das deutsche "brutal" heißt auf Niederländisch *bruut* oder *gemeen*.

deftig: Da denken Deutsche an derbe Sprüche und herzhafte Küche. In den Niederlanden ist das Gegenteil gemeint: "vornehm". Das deutsche "deftig" heißt auf Niederländisch *copieus*.

eis: *Eis* lässt keinem Niederländer das Wasser im Munde zusammenlaufen, denn ein *eis* ist eine "Forderung", und der Plural davon ist *eisen*. "Speiseeis" heißt im Niederländischen *ijs* und das Metall "Eisen" *ijzer*.

enkel: Das ist nicht der Sohnessohn, sondern bedeutet "Knöchel" oder in der Bedeutung *geen enkel problem* "einzig". Das deutsche "Enkelkind" heißt auf Niederländisch *kleinkind*.

haar: Mit *haar* sind nicht nur Haare gemeint, sondern auch das besitzanzeigende Fürwort "ihre".

klappen: Wenn etwas nicht klappt, *lukt* es auf Niederländisch nicht. *Geklapt* wird in den Niederlanden, wenn "geklatscht" wird.

lager: Das deutsche "Lager" heißt auf Niederländisch *opslag*, während *laag* für "niedrig" steht. *Lager* ist die einfache Steigerung davon, also "niedriger".

lopen: Nach den Lautgesetzen wäre "laufen" hier die deutsche Entsprechung. Aber das stimmt nur teilweise, gemeint ist eher "gehen". *Hij loopt naar de winkel* bedeutet "Er geht zum Geschäft". "Laufen" heißt auf Niederländisch *hardlopen*, wörtlich "schnell laufen".

Hard ist hier als Steigerungsform zu sehen - wie bei *hard spreken* ("laut sprechen").

mist: Der niederländische Bauer hat einen Haufen aus *mest*. Mit *mist* meint der Niederländer "Nebel" - wie auch der Engländer.

net: *Hij heeft net iets gedaan* heißt nicht, dass jemand etwas "nett" getan hat, sondern, dass er es gerade gemacht hat. *Net* heißt "soeben" oder "gerade". Wenn ein Niederländer etwas "nett" findet, ruft er entzückt *leuk!* oder *aardig gedaan!* Und ist etwas "niedlich", dann ist es *schattig*.

post: Auch der Besuch beim Postamt ist gewöhnungsbedürftig. Erstmal betritt man ein *postkantoor*; *kantoor* ist keine Lagerhalle, sondern die Bezeichnung für "Büro" oder auch "Agentur". Der Brief wird mit einem *postzegel* versehen. Das ist kein altehrwürdiges Postsiegel wie zu Zeiten der Postkutschen, sondern eine Briefmarke. Danach wird der Brief zum *postbus* oder *brievenbus* gebracht. Nein, Busse hat die (schon lange privatisierte) niederländische Post keine mehr, aber Briefkästen werden als *(brieven)bus* bezeichnet, und sind an der roten Farbe zu erkennen. Seit 2006 werden diese durch orangefarbene Briefkästen ersetzt.

schilderij: Damit sind keine Straßenschilder gemeint, die auf Niederländisch *bord* heißen. *Schilderij* steht für "Gemälde", und *schilderkunst* entsprechend für "Gemäldekunst".

slim: *Slim gedaan* ist kein Ausruf über eine negative Überraschung, sondern eher ein Kompliment, denn *slim* heißt "clever". Wenn ein Niederländer etwas "schlimm" findet, ist es *erg.*

tor: *Tor* ist weder ein Eingang noch im Sport zu finden, sondern heißt "Käfer". Ein Fußballtor dagegen ist im Niederländischen ein *doel,* was auch "Ziel" heißt - niederländische Fußballer sind eben sehr zielstrebig. "Tor" im Sinne von "Eingang" heißt auf Niederländisch *poort.*

trouwen: *Trouwen* heißt im Niederländischen "heiraten", was die vermutete deutsche Bedeutung - nämlich gegenseitiges Vertrauen - normalerweise mit einschließen sollte.

veen: *Veen* sind im Niederländischen keine märchenhaften Erscheinungen, sondern ganz reale - großteils in den vergangenen Jahrhunderten abgetorfte - Moore. Das Wort taucht in abgewandelter Form im deutschen "Fehn" ("Moor") auf.

Wie is dat? fragt der Niederländer, wenn er jemanden nicht kennt ("Wer ist das?").

verzoek: Ein *verzoek* ist kein Versuch, sondern ein Antrag oder eine Bitte - auch ein beliebtes Wort in der niederländischen Bürokratie. Entsprechend heißt *verzoeken* "bitten", während das deutsche "versuchen" mit dem niederländischen *proberen* wiedergegeben wird.

verstaan: Wenn ein Niederländer sagt *ik verstaa je/jou niet,* meint er damit nur den akustischen Aspekt, nämlich, dass er nicht hört. Vielleicht liegt es daran, dass er *doof* ist: *Doof* ist kein Schimpfwort im Niederländischen, sondern bedeutet "taub". *Hij is doof* ist also keine Beleidigung für jemanden, sondern ein Hinweis, dass es zu akustischen Verständigungsschwierigkeiten kommen kann. Zurück zu *verstaan:* Wenn ein Niederländer etwas inhaltlich nicht versteht, es also nicht begreift, spricht er von *begrijpen.*

volkslied: Bei dieser Bezeichnung wenden sich jüngere Deutsche mit Gedanken an die Hitparade der Volksmusik entgeistert ab. Niederländer meinen mit *volkslied* aber ihre Nationalhymne. Sonst sprechen Sie von *volksmuziek* bzw. einem *volksliedje*.

Missverständnisse bei der Schifffahrt

Ähnlich wie mit *zeldzaam* und *raar* verhält es sich mit *zee* und *meer*. Ein niederländisches *meer* entspricht dem deutschen (Binnen-)See, z.B. das *IJsselmeer*. Bei *zee* dagegen ist ein deutsches Meer gemeint, etwa bei *Middellandse Zee* ("Mittelmeer"). Allerdings taucht im Deutschen bei Meeresbezeichnungen auch noch öfter die "See" auf - wie in Hochsee, Seeschifffahrt, Nordsee oder Ostsee.

Egal ob auf dem *meer* oder der *zee* - im Niederländischen *varen* nur Schiffe. Das Wort "Fahrt" ist ja auch noch in der deutschen "Schifffahrt" enthalten (niederländisch nur *vaart*). Eine besondere Form der *vaart* ist die *zeilvaart* ("Segelschifffahrt"), bei der die *zeilboten* ("Segelschiffe") *zeilen* ("segeln"). Ein niederländisches *boot* kann einem deutschen Boot entsprechen, aber auch ein größeres Schiff sein, etwa als *veerboot* eine "Fähre". Die Schiffsbesatzung nennen Niederländer *bemanning*. Die Niederländer sind nämlich mit Geschlechtsbezeichnungen nicht so empfindlich wie Deutsche, die bei weiblichem Geschlecht der Titelträgerin sogar einen Amtsmann zur Amtsmännin machen. Der Begriff *bemanning* ist in Zeiten entstanden, als die Schifffahrt noch eine ausnahmslos männliche Domäne war. Wenn Deutsche im Niederländischen von einem *machinist* hören, könnten sie ihn auch für einen Teil der *bemanning* halten, zuständig für die Maschinen. Aber gefehlt! Ein *machinist* ist in den Niederlanden ausschließlich für Antriebsmaschinen auf Gleisen zuständig, mit anderen Worten: Er ist ein Lokomotivführer.

Während im Niederländischen nur die Schiffe *varen*, bewegen sich Verkehrsmittel auf dem Land anders fort: Autos und Bahnen *rijden* ("fahren"), wobei Deutsche ja erstmal nur an "reiten" denken. So mancher deutsche Besucher wundert sich daher zunächst, wenn er von einem *rondrit* durch eine Stadt liest ("Rundfahrt").

Wohnungseinrichtung auf Niederländisch

Lässt man sich eine Wohnung von einem Niederländer erklären oder besucht ein Möbelgeschäft, erwarten einen weitere sprachliche "Fallen":

Bei einer *kamer* denken wir an einen eher minderwertigen Raum, etwa an eine Besenkammer. Im Niederländischen werden aber alle Räume generell als *kamer* bezeichnet, auch das Wohnzimmer (*woonkamer*) oder das Hotelzimmer (*hotelkamer*). Bei den niederländischen Bezeichnungen für Möbel sind wir zunächst etwas irritiert, denn ein *kast* und eine *tafel* gehören zur Standardausrüstung einer *kamer*. Mehr als einen Kasten und eine Tafel gönnen sich die genügsamen Niederländer nicht? Tatsächlich sind mit *kast* Schränke jeder Größe gemeint, ob *klerenkast* ("Kleiderschrank") oder *nachtkastje* ("Nachtschränkchen"). Das Wort *tafel* bezeichnet einen Tisch und taucht auch bei *tafeltennis* ("Tischtennis") und bei *wastafel* ("Waschbecken") auf. Bei einem *tafelkleed* darf man nicht die neueste Mode erwarten, sondern eher die "Bekleidung" für einen Tisch: die Tischdecke.

Tafelkleed

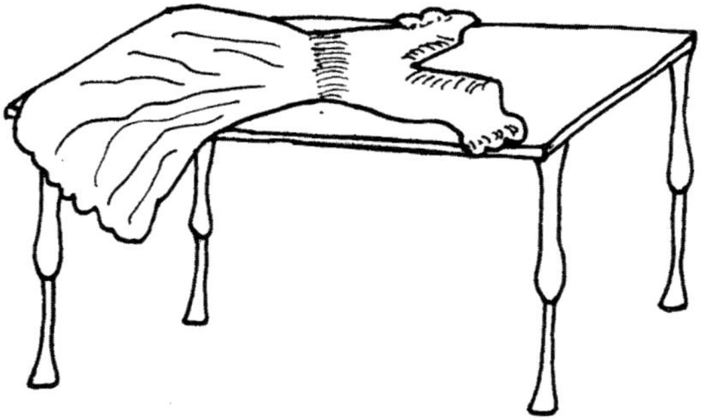

Wenn von einem *magnetron* für die Küchenausstattung die Rede ist, verbirgt sich dahinter keine neue Teufelsmaschine für die Hausfrau (oder den Hausmann), sondern ein gewöhnlicher Mikrowellenherd. Und dann ist zu lesen, dass die Niederländer mit einer *vork* ("Gabel") essen. Eine "Forke"

kennen Deutsche vor allem als Gartengerät, aber ähnelt dieses nicht auch von der Form her einer Gabel?

Kachel assoziieren Niederländer weniger mit Glanz und Reinheit, sondern eher mit Wärme: *Kachel* steht für "(Kachel-)ofen". "Kachel" im Sinne von Fliese heißt *tegel*, während die Niederländer den Ziegel *baksteen* und den Dachziegel *dakpan* nennen - beides auch im Deutschen verwendete Bezeichnungen ("Backstein" und "Dachpfanne").

Besondere Vorsicht!

Vorsicht ist angebracht bei einigen Wörtern, die für unsere Ohren mitunter ganz harmlos klingen, aber wegen ihrer teilweise unter die Gürtellinie reichenden Doppeldeutigkeit so manchem Niederländer die Schamesröte ins Gesicht treiben können:

In niederländischen Zeitungen ist manchmal von *potloodventers* zu lesen, wörtlich "Bleistiftverkäufern". Der niederländische Leser erwartet dann keinen Bericht über ein Schreibwarengeschäft, sondern weiß, dass hier Exhibitionisten gemeint sind. Bedenklich ist es, wenn diese in aller Öffentlichkeit *klaarkomen* ("zum Orgasmus kommen") oder wenn jemand *verkracht* ("vergewaltigt") wird.

Folgende Wörter sollten sehr bedachtsam gewählt werden, da die ähnlich klingenden deutschen Wörter keinen Verdacht auf eine Doppeldeutigkeit aufkommen lassen: Das niederländische Wort *maagd* steht für "Jungfrau", *kruis* für "Geschlechtsteil", *borsten* für "Brüste", *reet* für "Arsch", *pijpen* für "blasen". Und wenn der Niederländer *voor het zingen de kerk uit gaat*, meint er einen "Coitus interruptus".

Andererseits gibt es Wörter, bei denen wir auf den ersten Blick unzüchtige Bedeutungen vermuten könnten, etwa bei *huren* oder *huurprijs* - dabei sind deren Bedeutungen harmlos: "leihen/mieten" und "Mietpreis". Und während Deutsche bei einem *vrijer* unweigerlich an einen "Freier" denken, im heutigen Sprachgebrauch den Kunden einer Hure, meinen Niederländer damit einen ganz normalen Liebhaber.

Kleine Missverständnisse

Viele Wörter haben zwar dieselbe Bedeutung wie im Deutschen, die aber im Niederländischen noch weiter gefasst ist. Wenn jemand z.B. *druk bezig* ist, ist er sehr beschäftigt, also unter "Druck" gesetzt. Eine *rekening* muss man in den Niederlanden - wie in Deutschland - bezahlen, man kann aber auch Geld darauf überweisen, denn *rekening* hat neben "Rechnung" noch die Bedeutung von "Konto".

Eine Rechnung kann aber auch *factuur* heißen. Vor einem *monster* fürchtet man sich in Deutschland und den Niederlanden gleichermaßen; aber in den Niederlanden kommt noch die (häufigere) Bedeutung einer "Probe"; ein *shampoo monster* ist also kein haariges Ungeheuer, das frisch aus der Dusche kommt, sondern eine Probepackung mit Shampoo.

Niederländische Schüler erwarten mit Spannung den *uitslag* - wohl kaum den allergischen "Ausschlag" (diese Bedeutung hat *uitslag* auch), sondern das "Ergebnis", etwa einer Klassenarbeit.

Ein *onweer* ist in den Niederlanden - wie in Deutschland - ein "Unwetter", aber in einer besonderen Form: Ein Gewitter ist gemeint.

Wichtige Redewendungen

Nach einigen sprachlichen Besonderheiten sind im Folgenden 30 typische Phrasen aufgelistet, mit denen man sich in vielen Situationen über die Runden retten bzw. zumindest einen guten Einstieg verschaffen kann. Das weitere Gespräch mit Niederländern verläuft ohnehin oft - wie oben beschrieben - in Englisch oder Deutsch:

Small Talk

Guten Tag	Goeiedag / Dag
Guten Morgen	Goede morgen
Guten Abend	Goeden avond

Gute Nacht	Goede nacht
Schlaf gut	Welterusten
Hallo	Hallo
Ich komme aus …	Ik kom uit …
Ich spreche kein Niederländisch	Ik spreek geen Nederlands
Ich verstehe es nicht	Ik begrijp het niet
Wie ist Ihr Name?	Wat is uw naam?
Wie heißt Du?	Hoe heet je?
Wie komme ich nach?	Hoe kom ik in ...?
Guten Appetit	Het smakelijk
Bis bald	Tot ziens
Tschüs	Doei

Verstehen & Höflichkeit

Können Sie bitte etwas langsamer sprechen?	Kunt u alstublieft wat langzamer spreken?
Sprechen Sie Deutsch?	Spreekt u Duits?
Bitte, wiederholen Sie es!	Kunt u dat herhalen?
Verzeihung	Sorry, pardon
Danke	Dank, u wel (förmlich) / bedankt (informell)
Danke sehr	Hartelijk bedankt
Gern geschehen	Graag gedaan
Bitte sehr	Alstublieft
(Sehr) gemütlich	(Heel) gezellig
Toll	geweldig / grote klasse / leuk
Viel Erfolg	veel success

Im Restaurant

Ein Bier, bitte	Een pilsje, alsjeblieft
Mineralwasser	Spa
Kaltgetränk	Fris
Kann ich bitte die Speisekarte haben?	Mag ik de menukaart, alsjeblieft?

Sprichwörter

Die Verwandtschaft zwischen dem Niederländischen und dem Deutschen zeigt sich auch bei Redewendungen und Sprichwörtern, von denen einige beinahe identisch sind - wie die Redewendung *een storm in een glas water* ("ein Sturm im Wasserglass") oder das Sprichwort *van een mug een olifant maken* ("aus einer Mücke einen Elefanten machen").

Auffallend viele - ähnliche - Sprichwörter drehen sich um das Edelmetall Gold, etwa *morgenstond heeft goud in de mond* ("Morgenstund hat Gold im Mund") oder *Spreken is zilver, zwijgen is goud* ("Reden ist Silber, Schweigen ist Gold").

Viele niederländische Sprichwörter unterscheiden sich nur in Kleinigkeiten von deutschen: Wenn Niederländer *de draad kwijt zijn*, haben sie im Deutschen nicht den Draht, sondern den Faden verloren.

Niederländer haben den *buik er van vol*, wenn sie genug von etwas haben. In Deutschland hat man statt des Bauchs die Nase voll von etwas. Niederländer sagen *dat hangt mij de keel uit*, wenn ihnen etwas zum Hals heraus hängt. Und wenn es wirklich genug ist, kann man in den Niederlanden *uit zijn vel springen*. Deutsche springen nicht, sondern fahren aus ihrem "Fell" bzw. ihrer Haut (*vel* heißt wörtlich "Haut").

Leichtgläubige lassen sich in den Niederlanden *iets aan de neus hangen*, während sie es sich in Deutschland auf die Nase binden lassen.

Beim Hinauszögern heißt es im Niederländischen *iets op de lange baan schuiven*, während Deutsche etwas auf die lange Bank statt auf die "lange Bahn" schieben.

Wenn Niederländer *iemand aan het lijntje houden*, wollen Sie jemanden hinhalten, und wenn sie *iets op eigen houtje doen*, etwas auf eigene Faust unternehmen. Ansonsten scheinen sie mehr Fantasie zu haben, denn wenn Deutsche sich etwas aus den Fingern saugen, brauchen Niederländer nur einen Daumen dazu: *iets uit zijn duim zuigen*.

Wolken und Sand sind in den Niederlanden ausreichend vorhanden: Wenn Deutsche vor Freude im siebten Himmel sind, sind Niederländer *in de wolken* oder auch *in de zevende hemel.* Genug Vorurteile aufgewärmt, Schwamm drüber! - oder besser auf Niederländisch: *zand erover.*

Es gibt aber auch niederländische Sprichwörter, die mit deutschen wenig Ähnlichkeit haben und stattdessen eher zu Missverständnissen führen können: Wenn ein Niederländer *gauw aangebrand* ist, kann man kühlen Kopf bewahren, er ist höchstens beleidigt. Das niederländische Sprichwort *veel noten op zijn zang hebben* hat keinen musikalischen Inhalt, sondern jemanden, der große Sprüche klopft.

Zu bestimmten Bereichen - wie Essen, Landwirtschaft, Deichbau und Schifffahrt - gibt es viele ähnliche Sprichwörter, von denen im Folgenden eine Auswahl angegeben ist.

Schmetterlinge im Bauch und Stöcke hinter der Tür

Das Niederländische neigt auch in vielen Sprichwörtern zu bildlichen Darstellungen. Wenn jemand sich lächerlich gemacht hat, heißt es *voor aap staan* ("vor einem Affen stehen"). Ein Niederländer *loopt tegen de lamp,* wenn er erwischt wird. Dann kann es auch heißen *aan de bel trekken* ("an der Glocke ziehen"), also Lärm schlagen.

Im Gespräch gibt es verschiedene Strategien: Man kann *niet het achterste van zijn tong laten zien* ("nicht das Ende seiner Zunge sehen lassen"), d.h. mit seiner Meinung hinter dem Busch halten, *hoog van de toren blazen* ("hoch von den Türmen pusten"), also große Töne spucken, oder *iemand uit zijn tent lokken* - bei Letzterem mit dem Unterschied zum Deutschen, dass man jemanden nicht "aus seinem Zelt", sondern aus der Reserve lockt. Oder wie wäre es mit einem Ablenkungsmanöver? Dann heißt es bei Niederländern *iemand om de tuin leiden* ("jemanden um den Garten führen"). Viele haben auch noch gerne ein Druckmittel zur Hand bzw. in den Niederlanden *een stok achter de deur* ("einen Stock hinter der Tür").

vlinders in zijn buik

Niederländer kommen *over de brug* ("über die Brücke"), wenn Sie ein Eingeständnis machen bzw. einen Schritt unternehmen wollen.

Klappt etwas nicht und sind sie enttäuscht, heißt es in *zak en as zitten* ("in Sack und Asche sitzen").

Wenn jemand *vlinders in zijn buik* hat, also "Schmetterlinge im Bauch", ist er aufgeregt und/oder verliebt.

Senf nach der Mahlzeit und verdünnter Wein

Einen großen Teil seiner Zeit ist der Mensch mit Essen beschäftigt. Kein Wunder, dass sich viele Sprichwörter daher auf das Essen beziehen: *Met lange tanden eten* ("mit langen Zähnen essen") beschreibt langsame bzw. widerwillige Esser. Wenn alles zu spät kommt, ist das *mosterd na de maaltijd* ("Senf nach der Mahlzeit"). Ist etwas kaputtgegangen, ist es *in de soep gelopen* ("in die Suppe gelaufen"), bzw. sie haben den Salat oder die Bescherung und *zitten met de gebakken peren* ("mit den gebratenen Birnen sitzen"). Manchmal hilft es dann, etwas nicht allzu ernst zu nehmen, d.h. *iets met een korreltje zout nemen* ("etwas mit einer Prise Salz nehmen"), oder Kompromisse einzugehen, *also water bij de wijn doen* ("Wein verdünnen"). Auf keinen Fall sollte man sich die Butter vom Brot nehmen lassen, die im Land von Frau Antje natürlich als Käse daher kommt: *zich de kaas niet van het brood laten eten* ("sich den Käse nicht vom Brot essen lassen"). Aber nicht alles ist Käse: Wenn ein Niederländer keine Ahnung oder keinen blassen Schimmer hat, hat er *ergens geen kaas van gegeten* ("keinen Käse davon gegessen").

Schafe mit fünf Pfoten und Hühner ohne Kopf

Die ländliche Lebensweise und die Agrarwirtschaft haben natürlich auch viele Sprichwörter beeinflusst: Es gibt Leute, die alles können - richtige Tausendsassas. Das sind in den Niederlanden *schapen met vijf poten* ("Schafe mit fünf Pfoten"), die auch wissen, was Sache ist bzw. *weten hoe de vork in de steel zit* ("wissen, wie die Forke im Stiel sitzt"). Solche tatkräftigen Menschen lassen nichts anbrennen bzw. warten nicht lange: Sie *laten er geen gras over groeien* ("kein Gras darüber wachsen lassen").

Die anderen haben nichts zu sagen bzw. *niet veel in de melk te brokkelen* ("nicht viel in die Milch zu bröckeln") und reden dummes Zeug bzw. *praten als een kip zonder kop* ("reden wie ein Huhn ohne Kopf"). Da kann es vorkommen, dass solche Leute sich übernehmen und *te veel hooi op de vork nemen* ("zu viel Heu auf die Forke nehmen").

Alte Kühe im Graben

Über 40 % der holländischen Landfläche liegen unter dem Meeresspiegel. Daher musste man schon früh anfangen, das Land mithilfe von Mühlen und Gräben, sogenannten *sloten*, zu entwässern, um genügend landwirtschaftliche Anbaufläche zu erhalten. Diese Art der Landgewinnung hat ebenfalls ihre Spuren in Sprichwörtern hinterlassen:

Dat zet geen zoden aan de dijk ("das bringt keine Soden an den Deich") sagen Niederländer, wenn etwas wenig Auswirkung hat, im Sinne von "das macht den Kohl nicht fett". Wird alter Kohl aufgewärmt, d.h. werden alte Geschichten aufgetischt, holen Niederländer *oude koeien uit de sloot* ("alte Kühe aus dem Graben"). Schafft jemand etwas mit Mühe und Not, heißt es *met de hakken over de sloot* ("mit den Hacken über den Graben"). Vielleicht steht er dann auf eigenen Füßen, im Sinne von *niet in zeven sloten tegelijk lopen* ("nicht in sieben Gräben zugleich laufen"), d.h. er findet sich schon alleine zurecht.

oude koeien uit de sloot holen

Seine Ohren knüpfen

Eine alte Handels- und Seefahrtsnation verdankt natürlich einen Großteil ihrer Sprichwörter der Schifffahrt - in guten wie in schlechten Zeiten. In Letzteren muss man mit dem auskommen, was man hat: *Men moet roeien met de riemen die men heeft* ("man soll mit den Riemen rudern, die man hat"). Auch bei Gegenwehr, *de wind van voren krijgen* ("den Wind von vorne bekommen"), und auch dann, wenn noch nichts verloren ist: *nog geen man over boord* ("kein Mann über Bord").

Manchmal lässt sich die Lage durch einen Seitenhieb verbessern: *Iemand een steek onder water geven* ("jemandem einen Stich unter Wasser versetzen"). Andererseits gilt natürlich: Ehrlich währt am längsten, auf navigations-niederländisch heißt das *recht door zee gaan* ("geradeaus in See stechen").

Versuchen Sie, aus den Fehlern anderer zu lernen: *Een schip op het strand is een baken in zee* ("ein Schiff auf dem Strand ist wie ein Leuchtfeuer auf See"). Sie haben dennoch einen Fehler selbst verschuldet? Macht nichts, denn *een goede zeeman wordt ook wel eens nat* ("ein guter Seemann wird auch mal nass").

In schlechten Zeiten möchte man oft alle Brücken hinter sich abbrechen: *alle schepen achter zich verbranden* ("alle Schiffe hinter sich verbrennen"). Dabei sollte man sich aber nicht Hals über Kopf in etwas stürzen*: te hard van stapel lopen* ("zu schnell vom Stapel laufen"). Dann kann es passieren, dass man aus etwas nicht klug wird: *Daar is geen touw aan vast te knopen* ("daran ist kein Seil festzuknüpfen").

Wenn die Zukunft ungewiss ist, kann man zwischen zwei Stühlen sitzen bzw. *tussen wal en schip vallen* ("zwischen Kaimauer und Schiff fallen"): *We zien wel waar het schip strand* - "schauen wir mal, wo das Schiff strandet" bzw. wie die Sache endet. Wenn es wieder aufwärts geht, hat man die Fäden in der Hand, *de touwtjes in handen* ("die Seile in den Händen"). Die Lage ist bombensicher: *Dat staat als een paal boven water* ("das steht wie ein Pfahl über Wasser"). Bei einer solchen Blütezeit heißt es bei den Niederländern *hoogtij vieren* ("Tidehochwasser feiern").

Vor allem das Meer hat die Fantasie der Menschen angeregt und Sprichwörter wie Redewendungen beeinflusst, etwa wenn viel Platz vorhanden ist: *een zee van ruimte* ("ein Meer von Raum"). Erfahrene und/oder weit gereiste Menschen haben *de zeven zeëen bevaren* ("die sieben Weltmeere befahren"). Obwohl das böse Gespenst des Ertrinkens im Meer die Seeleute jahrhundertelang verfolgt hat, gilt heute wie dereinst als Warnung vor zuviel Alkohol*: Er verdrinken meer mensen in een glas dan in zee* ("es ertrinken mehr Menschen im Glas als im Meer").

Alles begriffen? Dann können Sie sich die Sprichwörter hinter die Ohren schreiben oder besser *in de oren knopen* ("in die Ohren knüpfen").

Wie Niederländer fluchen und schimpfen

Der Buchhandel bietet allerlei kompakte Sprachführer für unterwegs, in denen einzelne Wörter und Phrasen für verschiedene Situationen angegeben sind. Meist fehlen dort aber Wörter, die den Alltag dominieren: Schimpf- und Fluchwörter, von denen einige hier angegeben sind.

Geschlechtsspezifische Schimpfwörter sind etwa *kut* ("Arschloch, Schlitz"), *domme koe* ("Blöde Kuh") und *trut* ("blöde Sau") für Frauen sowie *(kloot)zak* ("Hodensack"), *lul* oder *lulhans* ("Schwanz") für Männer. International ist das auch in Deutschland übliche *shit*, das im Niederländischen wörtlich *poep* heißt. Eben dieser *poep* ist außerdem eine etwas unkonventionelle niederländische Bezeichnung (Schimpfwort!) für Deutsche, ebenso wie *mof*, das auch in dem deutschen "Muff" auftaucht.

Weitere beliebte Bezeichnungen für unliebsame Zeitgenossen sind *klerelijer* ("Drecksack") und *flapdrol* ("Schwachkopf"). Relativ harmlos, aber umso häufiger ist das *verdorie* ("verflixt").

Wem diese Schimpfwörter nicht weit genug gehen, der verstärkt sie einfach mit *driedubbelovergehaalde ...* ("dreifach überholter ...").

Sollte beim Fluchen jemand Einwände haben, werden diese mit *dat kan me geen moer/zak schelen!* ("das ist mir scheißegal") im Keim erstickt. Etwas radikaler fährt man seinem Gegenüber mit *bek houden!* ("Maul halten!") über den Schnabel. Hilft das immer noch nicht, helfen nur noch *sodemieter op!* sowie *donder op!* ("Verpiss Dich!") oder - geringfügig vornehmer - *moven jij!* ("Hau ab") sowie *maak an!* ("Zieh Leine!").

Wem diese Auswahl an Schimpf- und Fluchwörtern nicht reicht, der findet weitere in der "Alternative Dutch Dictionary" im Internet:

💻 www.alternative-dictionaries.net/dictionary/Dutch

Diese Homepage ist eine wahre Fundgrube für alle, die nach Herzenslust auf Niederländisch fluchen und schimpfen wollen.

Für den niederländischen *Bond tegen het vloeken* ("Verein gegen das Fluchen"; www.bondtegenvloeken.nl) ist sie eher Teufelswerk. Diese 1917 gegründete und von der Kirche unterstützte Organisation wendet sich vehement gegen den Gebrauch von Schimpfwörtern und gibt als wichtiges Ziel die Verehrung von Gott an. Rund 30.000 Mitglieder (etwa 0,2 % der Bevölkerung) unterstützen als Mitglieder diese Kampagne, d.h. beim Rest der niederländischen Bevölkerung, mehr als 16 Millionen Menschen, ist es nicht auszuschließen, dass mal gelegentlich Flüche zu hören sind - womit dieses Kapitel seine Existenzberechtigung erhält.

Humor

Natürlich gibt es genausowenig DEN niederländischen Humor wie DEN deutschen.

Im Laufe der Zeit gewöhnt man sich allerdings an, über seine mehr oder weniger geliebten Nachbarn in Ländern, Provinzen oder Regionen zu lästern. In den Niederlanden haben Friesen, Limburger und Belgier die Zielscheibenfunktion übernommen - wie in Deutschland Ostfriesen, Opelfahrer und Ossis.

Milchflaschen, Streichhölzer, Blinklichter - Belgierwitze

Über die angeblich mangelnde Intelligenz und Lebenserfahrung der Belgier gibt es eine Reihe von gut- bis bösartigen Witzen, von denen einige genannt seien:

- Was ist auf dem Boden von belgischen Milchflaschen geschrieben? - Andere Seite öffnen.
- Was passiert, wenn eine Person aus Limburg nach Belgien zieht? - Der durchschnittliche IQ beider Länder steigt.
- Ein Belgier zum Kellner: "Zucker für meinen Kaffee!" - "Aber ich habe ihnen doch schon vier Würfel gegeben?" - "Ja, aber die haben sich schon aufgelöst!"

- Ein Belgier kauft Briefmarken und fragt am Postschalter: "Können Sie den Preis abmachen, es soll ein Geschenk sein?!"
- Ein Belgier steckt einen Streichholz an und bläst die Flamme gleich wieder aus. "So", denkt er, "endlich eines, das funktioniert, das behalte ich!"
- Ein Holländer hält in Belgien bei einer Tankstelle, um sein Licht kontrollieren zu lassen. Der Holländer schaltet sein Licht an, und der belgische Tankwart sagt: "ja". Der Holländer schaltet das Licht aus und der Tankwart ruft "nein". Danach setzt der Holländer sein Blinklicht in Betrieb. Der belgische Tankwart: "ja nein ja nein ja nein...".
- Zwei Belgier fischen in der Lek. Plötzlich hat einer einen so großen Fisch, dass er ins Wasser gezogen wird. Der andere springt hinterher, um ihn zu suchen. Nach einiger Zeit wird er fündig und startet Wiederbelebungsversuche. Plötzlich kommt ein Niederländer angelaufen und fragt ihn, was er macht. Der Belgier erzählt die ganze Geschichte und begründet so seine Wiederbelebungsversuche. Der Niederländer: Dann würde ich mal aufhören, dieser hier hat nämlich noch Schlittschuhe an!"
- Ein belgisches Ehepaar betritt erstmalig ein niederländisches Kaufhaus und bleibt vor dem Schild stehen: "Thermoskannen zum halben Preis". - Der Belgier fragt seine Frau: "Was ist eine Thermoskanne?" - "In eine Thermoskanne kann man warme und kalte Dinge füllen, die behalten dann ihre Temperatur." - "Oh ja, die nehmen wir". Am nächsten Tag wird der Belgier bei seinem Arbeitsplatz gleich nach der Thermoskanne befragt: "Fred, was hast Du denn bei Dir?" - "Das ist eine Thermoskanne. Da kann man kalte und warme Dinge einfüllen" - "Was hast Du denn drin?" - "Drei Tassen Kaffee und ein Magnum!"

Die holländische Kaufmannsseele - oder: Die Revanche der Belgier

Bei so viel Spott ist es kein Wunder, wenn sich die Belgier auch über ihre so scheinbar überheblichen Nachbarn lustig machen. Dabei wird vor allem über den kleinlichen Kaufmannsgeist - oder besser: den Geiz - der Niederländer, und hier besonders Holländer hergezogen.

Eine kleine Auswahl:

- Warum haben Holländer so große Nasenlöcher? - Luft ist gratis!
- Ein niederländischer Mann sagt zu seiner Frau: "Marie, gieß eben einen Liter Wasser in die Suppe, wir bekommen Besuch!"
- Für eine internationale Grillparty werden die Teilnehmer gebeten, etwas mitzubringen. Der Deutsche nimmt eine Bratwurst mit, der Italiener Spaghetti, der Franzose Wein. Der Niederländer nimmt seine Frau und Kinder mit.
- Rückrufaktion: Alle niederländischen Milchtüten müssen aus den Supermarktregalen. Der Text "Hier öffnen" muss ersetzt werden durch "Zuhause öffnen!"

Waar is mijn fiets? - Die Deutschen als Zielscheibe

Natürlich bleiben große Nachbarn von beißendem Humor nicht verschont, so auch Deutschland, dass als ehemalige Besatzungsmacht im Zweiten Weltkrieg eine besonders beliebte Zielscheibe von (geheimen) humoristischen Angriffen war und heute noch ist. So kann bei dem Besuch eines Deutschen plötzlich der Ausruf ertönen: *Waar is mijn fiets?* ("Wo ist mein Rad?") - eine Anspielung auf den Zweiten Weltkrieg, als die deutschen Besatzer alle Räder konfiszierten. Harmloser dagegen ist folgender Witz, der die Beamtenmentalität in beiden Ländern aufs Korn nimmt:

Zwei niederländische Polizisten patrouillieren an der deutsch-niederländischen Grenze. Plötzlich sehen Sie eine Leiche am Baum hängen. "Mist", sagt der eine, "gerade jetzt, kurz vor dem Wochenende, passiert so etwas! Das kostet viel Zeit und bedeutet viel Papierkram." - "Weißt Du, was?", erwidert der andere, "wir hängen ihn eben auf der anderen Seite der Grenze auf, dann haben die Deutschen den Ärger." Und so befestigen sie die Leiche an einem deutschen Baum. Zügig marschieren sie zurück, auf dem Weg die deutschen Kollegen grüßend. Die deutschen Polizisten laufen weiter. Sagt der eine zum anderen: "Schau mal Heinz, da hängt er schon wieder!"

Ansonsten "schätzen" manche Niederländer an den Deutschen eine Reihe von Eigenschaften, die sie sich selbst natürlich nicht eingestehen: arrogant, besserwisserisch, laut, intolerant. Aber auch einige positive Merkmale sind dabei: Geselligkeit, Großzügigkeit sowie Pünktlichkeit.

Internet

Im Internet gibt es Reihe nützlicher Homepages zur allen möglichen Aspekten der niederländischen Sprache, ob Hintergrundinformationen, wissenschaftliche Arbeiten oder Sprachlehrprogramme.

Im Folgenden sind einige wenige ausgewählte Webadressen angegeben, die für weitere Recherchen bzw. Informationen einen Ausgangspunkt bilden können. In den Klammern dahinter steht die Sprache der Homepage.

Gebührenpflichtige Sprachlehrhomepages gibt es eine ganze Reihe; hier ist eine Auswahl von kostenlosen Websites angegeben:

Ausgewählte Internet-Adressen zur niederländischen Sprache

- www.onzetaal.nl.html Homepage des Vereins "Onze Taal" mit allgemeinen Infos zu den NL und vielen Links (Niederländisch)
- http://taalunieversum.org/taal/spelling Homepage der niederländischen Sprachgesellschaft mit der aktuellen *Woordenlijst* (Niederländisch)
- www.ned.univie.ac.at/publicaties/taalgeschiedenis/dt - Geschichte und Entwicklung der niederländischen Sprache (Deutsch)
- www.alternative-dictionaries.net/dictionary/Dutch/ - The Alternative Dutch Dictionary - Wörter, die in vielen Wörterbüchern fehlen: Schimpf- und Fluchwörter (Englisch)
- www.bondtegenvloeken.nl - Homepage des niederländischen "Bond tegen het vloeken" ("Bund gegen das Fluchen") (Niederländisch und Englisch)

- http://neon.niederlandistik.fu-berlin.de - Sehr informative (wissenschaftliche) Homepage zum Niederländischen; über Entwicklung, Morphologie, Phonologie, Syntax, Dialekte... (Deutsch)
- http://bln.niederlandeweb.de/de/content/community/Niederlande/Sprache/ - Landeskundliche Infos der Niederländischen Botschaft, v.a. zu Sprache und Kultur, mit weiteren Links (Deutsch)
- http://homepages.cwi.nl/~steven/spelling.html - Probleme von Englisch-Sprachigen mit dem Niederländischen (Englisch)
- www.stopstopwoorden.nl - Sammlung von (nichtssagenden) Füllwörtern / Phrasen (Niederländisch)
- www.taalkabaal.nl - Wörter verschiedener Soziolekte: Computer-, Manager-, Jugendsprache (Niederländisch)
- www.komma.net/kantoortaal.html - Bürosprache (Niederländisch)
- www.uebersetzung.at/twister - Mehr als 2.755 internationale Zungenbrecher in 108 Sprachen, darunter 115 niederländische (Englisch)
- www.spreekwoord.nl - Niederländische Sprichwörter: Infos und Beschreibungen sowie Suchmaschine zu Stichwörtern, z.B. 42 Treffer (d.h. Sprichwörter) zu *goud* und 31 zu *zee*
- www.uitmuntend.de - Homepage zum Niederländisch lernen, u.a. mit Bildwörterbuch und Deutsch-Niederländisch-Deutschem Wörterbuch mit 2.640.000 Stichwörtern, Grammatik und vielen anderen nützlichen Infos (Deutsch)

Sprachlehr-Homepages

- www.learnonline.nl/taal/theorie_du/theorie_01_du.html (gratis, Deutsch) - Kostenloser Sprachführer Holländisch, mit Regeln der holländischen Rechtschreibung und Grammatik mit vielen deutlichen Beispielen, Übungsmaterial gebührenpflichtig
- www.speakdutch.nl - Homepage mit wichtigen Redewendungen; Lehrbücher kosten extra (gratis, Englisch)
- www.taalthuis.com/eng - Internet-Adressen zum Niederländisch-Lernen (gratis, Englisch)

www.ned.univie.ac.at/non/welkom - Online Sprachkurs mit 10 Lektionen, ein Experiment der Wiener Nederlandistik. Zu jeder Lektion gibt es ein bis zwei Texte, die auch akustisch (als Tondokument) abrufbar sind. In diesem Sprachkurs werden die wichtigsten Grammatikthemen behandelt; die Anwendung der besprochenen Regeln wird in verschiedenen Übungen trainiert. Dazu kommen Übungen zu Wortschatz, Textverständnis, Rechtschreibung und Übersetzung. Jede Lektion beinhaltet außerdem eine kleine Sammlung von Redewendungen zu bestimmten Themen - etwa Redewendungen, um sich nach dem Weg zu erkundigen, oder Anredeformen in Briefen. Innerhalb der Lektionen gibt es stets direkten Zugriff auf die zu diesem Kurs erstellte Vokabelliste. Man kann einzelne unbekannte Wörter "nachschlagen" oder aber auch die neuen Vokabeln der jeweiligen Lektion auflisten bzw. ausdrucken lassen (gratis, Deutsch).